種子銀行

金融業的大未來

銀行業的經營寶典、業務員的教戰手冊

Bank 3.0興起，引爆金融業數位……

人才力即是競……創新！

U0069460

林秉葦 David ◎著

【推薦序二】

整合東西方的經營管理思維

林秉葦David老師從事金融行銷近二十年時間，經過許多不同通路的歷練，仍然秉持第五項修練The Fifth Discipline的「自我超越Personal Mastery」精神繼續參與企業經營管理顧問協會BMCA/IMCTAIWAN所舉辦具二十三年每年一期的高階經營管理顧問師的嚴格訓練並獲得當屆台北班第一名的殊榮；隨即又以優異成績得到國際經營管理顧問師的國際認證CMC,ICMCI資格，目前已被聘爲高階經營管理顧問師班授課老師，協助國際經營管理顧問師協會理事會ICMCI推廣業務，並彰顯ICMCI（The International Council of Management Consulting Institute）的全球運作功能。

在新書《種子銀行：金融業的大未來》上篇提供「Bank 3.0後的金融業新趨勢」，由消費者行爲帶入行銷3.0（感性、品牌）的演進；我也在此提出「品牌代表品質保證與價值承諾Quality Guarantee & Value Commitment」。企業經營就是一種品牌經營，企業感性的「用心、關心與愛心」使企業品牌能永續經營與基業長青。

「種子銀行」新型態的經營模式運用「徵才、育才、留才」三位一體架構；我在此也呼應作者所提的育才觀點：企業的育才如果能做到除了要求內部成員皆能達到專業（Expertise/Profession/Professional）之外，還能往上提升具有「良好的工作態度、積極正向的思考、熱情的工作團隊精神」，更能再向上提升到具備「創意與創新思考力」，則這就達到所謂「育才」的極佳境界。

新書提到由技術思考進階到思考技術，單打獨鬥提升到「團隊合作」；在此我也要呼應，團隊的特性必須要團隊成員清楚了解未來的目標，團隊成員充滿互動與互相扶持，團隊成員皆期待所屬之團隊能夠成功，並具團隊的驕傲，要達成企業經營目標更必須啓動願景塑造、建構經營團隊運作。

新書下篇結合「電銷」與「面銷」的技巧，強調「道法自然」的行銷方式，行銷於無形，這也因爲本書作者有機會歷練顧問產業，目前電銷通路與面銷通路的培訓師非常稀少，所以作者秉葦David老師期望此新書出版，能成爲金融業甚至零售連鎖業行銷技巧與客戶經營的教科書。

整本新書著作依照顧問的架構此乃點線面的延伸，以及軟實力與硬實力的整合；在此我也要呼應作者的軟實力論點：美國哈佛大學甘迺迪戰爭學院院長Joseph Nye教授於1990年提出柔性國力的論述，軟實力Soft Power頓時成爲全球國際重視的焦點。軟實力就是一種無形資產（Intangible Asset），也是促使企業增長與對外競爭最重要的力量。企業經營及企業品牌行銷經營，注入軟實力是企業品牌能永續經營與基業長青的最基本要素。

台灣已經以服務經濟爲主，服務業已是全球發展的重要趨勢之一，如何發展具有深質內涵特色之銀行服務產業，並思考如何提升台灣具品牌優質形象的服務業，如何提升銀行優質服務品質與卓越服務Service Excellence已是台灣當前努力以赴的課題，運用「差異化Differentiation」訴求，就可以使銀行服務產業創造企業目前與未來的競爭優勢。

新書《種子銀行：金融業的大未來》最大的特色在於作者整合西方先進的經營管理思維及東方的佛爲心，道爲骨，儒爲表的體現，形成「上善若水，道法自然」的行銷，天人合一最高境界。秉葦David老師對於新書著作《種子銀行：金融業的大未來》給予我爲其作新書推薦序是我極大的榮幸，在此我眞心期望社會大眾，尤其是知識工作者能將此書靜下心好好品讀作者的智慧眞言，這也印證平衡計分卡the Balanced Scorecard, BSC提出的「學習成長面——持續進步成長Learning & Growth的求知精神」。

林天祥

林天祥Mikko老師　企業管理博士簡介：

美國華盛頓大學（UW）&美國喬治華盛頓大學（GWU）

品牌價值——品值與智慧財產權無形資產國際研究

三項主專長項目：

一、品牌策略經營Strategic Management on Branding

二、智慧財產權與無形資產IPR & Intangible Assets

三、新事業創業經營Start-ups Entrepreneur Management

二〇一五年現職：

中華企業經營管理顧問協會BMCA/IMCTAIWAN　祕書長

中華企業經營管理顧問協會　創新育成中心　主任

國際經營管理顧問師CMC-TAIWAN, ICMCI　國際認證主委

高階經營管理顧問師班／國際經營管理顧問師CMC, ICMCI國際認證　班主任

中華品牌協會Asia Branding Association　理事長

品智國際Mikko Branding Concepts MBC品牌策略經營　執行長

e-mail:mikkolinmbc@gmail.com

【推薦序二】

洞悉未來發展趨勢，強化能力提升競爭力

欣聞秉葦兄即將出書，記得去年聽其分享，希望將長期工作經驗整理，以讓更多銀行界的朋友學習參考，來面對新競爭的時代。期待多日終於即將出版《種子銀行：金融業的大未來》，本書充分表達秉葦獨特的見解，尤其是首創銀行電銷與面銷結合業務戰力，「徵才、育才、留才」三位一體架構，以及「FAGC」超強異議處理技巧，對有心從事業務工作的人無疑是一本葵花寶典。

秉葦兄不只是長期於專業經理人有傑出的表現，更累積很多寶貴實戰經驗，同時在東吳EMBA學習時亦精於理論的探討深得師長的認可。「精於理論與實務」的特色，在秉葦兄的書中充分可以感受到，相信業務人員在吸收轉化後必能功力大增。

本書共分爲二篇，上篇〈「種子銀行」——Bank 3.0後銀行新型態〉，著重在趨勢掌握的新時代、消費者行爲的分析、新形態的經營模式，還有「銀行種子」新

識力的崛起。掌握銀行業的最新趨勢，財富管理的經營，從消費者行為模式行銷，讓讀者能充分掌握未來新趨勢，贏在起跑點。下篇〈「種子銀行」——超強業務力的實踐〉更從行銷與業務切入，從業務的本質探討、專業與工具的準備、精彩的黃金30秒開場心法、引導式約訪的十大法則、製造下次機會的五種方法、聲音的運用、觀人術的學習、行銷四大流程的盤點與反對問題的處理，皆是行銷實戰最重要的技巧。一路讀來深入淺出、獲益良多，可見秉葦兄在本書投入的精力與付出，本書融合東西方之智慧精華，創新電銷結合面銷新技術，實可謂在新競爭時代，洞悉未來的發展趨勢，強化個人與團隊競爭力之絕妙好書。

本書的出版將會引領銀行業的新轉型，他讓我們思考挑戰來時要如何的去面對，了解新時代顧客的心聲，更創新行銷技巧、積極主動走出去才有業務未來。相信這本《種子銀行：金融業的大未來》將提供我們一個明確方向，與可有效運用的行銷新技巧。能洞悉未來發展趨勢，強化能力提升競爭力，適合金融業或任何想從事業務工作的夥伴，誠心的推薦給大家。

李啟華 2015/9/23

中華工商流通發展研究協會　理事長

【推薦序三】

傳承創新、再造戰力

接到秉葦兄來鴻，要我爲其大作《種子銀行：金融業的大未來》寫序時，喜甚！見我期高級經營管理顧問班年輕的高材同學，能在這麼短的時間裏，匯集其在行銷、人資方面的強項，爲銀行業擴展電銷與面銷的整合戰力，提出具體可行的模式，實乃可喜可賀，亦不惟我個人所信服矣。

本書上篇就Bank 3.0後銀行必須跟隨消費者行爲改變趨勢，轉變的新型態，進而創造新的經營模式，並賦予這個新的模式名曰「種子銀行」。而其中針對行銷服務於這個新模式的人力資源整合，則提出了跳脫過去銀行業行銷人員單打獨鬥的傳統思維，改採任務整合的團體合作模式，更進一步對這個團隊戰術提出了精闢的分析與見解。

下篇則爲相關的行銷實戰，進行了更深入淺出的剖析與策略具體實踐方法的描述。從開門拜訪（接待），到商品成交，完整地以有效的系統流程進行分享，結合電銷與面銷技巧的創新行銷方式，將各項心法、戰法、技法與可能面對的行銷狀況，不藏私地給予技術性的指導。

全書精彩絕倫，極力推薦給現職或想從事業務行銷工作的人。惟如何能讓新型態的銀行業行銷人員快速地適應整體新趨勢，與具備足夠的專業整合及行銷服務能力，端視各銀行是否積極地爲渠等進行嚴密的培訓與認證，則良窳立見矣！

CIP國際職業認證管理協會
臺灣認證鑑定中心運營總監

民國一〇四年九月十七日序於工作案前

【推薦序四】

業務寶典、能力升級

在行動科技發達與普及的趨勢下，數位金融市場已掀起了戰火，Bank 3.0後的新興服務模式也因應而生，在充滿機會卻又競爭激烈的動態市場中，如何透過價值創造與服務創新，強化與客戶互動，建立良好關係，達成開拓新市場、新客源，並提升績效與獲利目標，將是金融業未來存活的關鍵。

金融行銷具有其獨特性，從業人員大都經由內部訓練取得相關行銷知能。長久以來，從業人員欠缺一本金融市場行銷實務解析的參考書籍，《種子銀行：金融業的大未來》一書，是秉葦老師融合其在金融業近二十年的業務行銷（電銷、面銷）與教學經驗所累積而成的行銷實戰寶典。秉葦老師不僅系統性的剖析金融業現況，分享行銷策略與實戰技巧，更導入創新服務思維，結合東方的智慧結晶與西方關鍵技術，融入人資造才（徵、育、用、留）管理實務。以組織整合團隊分工的戰略，取代單打獨鬥的戰術，強調「道法自然」的行銷方式——行銷於無形，本書除可做爲金融行銷從業人員快速入門導引外，亦可提供經驗豐富的金融行銷人員另類思考方向，同時也是行銷業務人員的最佳參考書籍。

《種子銀行：金融業的大未來》，著實提供了金融行銷人員許多實用的心法與技巧，但更重要的是價值創造與個人品牌形象的傳遞。義源與秉葦老師相識多年，「信賴關懷與創新傳承」是秉葦老師的核心價值，如何在行銷過程中保持親切感與人情溫度，將顧客關係深化爲朋友關係，讀者可從中深入體會驗證。衷心推薦給想在業務行銷領域更上一層樓的朋友，熟讀此書多加練習行銷技能必定大有提升。

CIP國際職業認證管理協會
企業管理類評審委員

自序

時光飛逝，進入金融業已將近二十個年頭，其中泰半時間從事教育訓練與業務管理工作。近期Bank 3.0的議題炒得沸沸揚揚，在金管會的推動下，所有金融業都枕戈待旦，戰戰兢兢地迎接未來的新挑戰。尤其在財富管理的經營與行銷技巧的提升，更是各家銀行的必爭之地，故新型態的商業模式與新技術的引進將是未來的決勝關鍵，而「建構種子銀行、培育銀行種子」便是本書最重要的精神。

筆者在產業界擁有多年內外勤經營管理經驗，曾歷練訓練部、企劃部與業務部主管，橫跨電銷與傳統通路，具有豐富的業務培訓經驗。在顧問界亦具國際ICMCI經營管理顧問師CMC資格（T-CMC），與經濟部高級經營管理顧問師班第一名畢業，目前也是CIP國際職業認證管理協會中級職業認證培訓師。曾協助經濟部中小企業處、商業司與中華民國企業經營管理顧問協會，培育產業優秀人才。另有參與知名顧問輔導案經驗，亦是各知名企業與大專院校的熱門外聘講師，擁有橫跨產官學界的教學經驗。因為「作育英才」幫助更多人成功，是筆者最熱愛的工作，也是人生的重要使命。

近年常有朋友與學生希望筆者能開班傳授多年行銷實戰技巧，但礙於現行工作忙碌遲遲無法如願。經苦思之後決定將所畢生所學以出書方式，不藏私地分享給有心人與有緣人。如此一來便能造福更多的朋友，不論是否認識，筆者皆希望透過此書幫助大家提升行銷技巧以及客戶經營能力。更希望能藉《種子銀行：金融業的大未來》一書讓更多朋友了解行銷更深層的奧義，因本書結合東方的智慧與西方的思維，把握「佛爲心、道爲骨、儒爲表」行銷於自然的法則，讓行銷像呼吸一樣簡單。這是筆者最大的心願，期望幫助更多的朋友在行銷領域中脫胎換骨，創造自身更高的價值。

孫子兵法有云：「凡戰者，以正合，以奇勝。故善出奇者，無窮如天地，不竭如江河。」故在現今競爭激烈的金融業，必須擁有與眾不同的獨創技術，方能克敵制勝、再創佳績。本書分爲上、下二篇，上篇〈「種子銀行」——Bank 3.0後銀行新型態〉，主要針對Bank 3.0後的銀行新趨勢，提出財富管理「徵才、育才、留才」三位一體架構，將多元生態凝聚文化整合，將單打獨鬥提升爲團隊合作，再建構「種子銀行」培育「銀行種子」的全新模組。新型態行銷技巧的提升，必須兼具電銷與面銷技巧，將以往「技術思考」模式蛻變爲「思考技術」層級。行銷技巧3.0的演進由「感性」出發，「換位思考」由消費者行爲切入，以高價值帶動高價格創造銷售商機。主軸在於財管人才的培育架構與新型態的經營模式，也爲下篇「超強業務力的實踐」鋪陳架構。

下篇〈「種子銀行」——超強業務力的實踐〉，將行銷於自然的法則徹底呈現。從行銷人員「客戶心醫」的角色定位，到「佛爲心、道爲骨、儒爲表」的體現，透過KASH的實戰演練將行銷提升至天人合一的最高境界。接著筆者分享電銷祕技，由黃金30秒開場新法到常見的五種拒絕，以及保持通話的五大祕訣，期業務人員把握「勤跟催」原則維繫客戶。接著提出「引導式約訪十大法則」，透過常用的十種引導約訪技巧更有效地激發客戶興趣，達到約訪目標。「製造下次機會的五種方式」能有效接觸客戶，讓客戶願意繼續聽下去。電話行銷要打動客戶就必須掌握聲音的技巧，「聲入人心」的技巧從聲音的力量、溝通的技巧，到聲音的保養，讓行銷人員能發揮聲音的魔力打動客戶。在約訪客戶後緊接著就要面對客戶，此時「識人力」就扮演舉足輕重的角色。本書結合東方的智慧與西方的思維，分享DISC觀人術與五行觀人術，用最簡單的方式判斷客戶的屬性，藉以運用不同的應對方式滿足客戶需求。「行銷四大流程」透過寒暄（找話題）、開門（找需求）、切入（找商品）、成交（找預算），逐步引導客戶完成商品行銷。這套系統適用於任何業務工作，只要能把握行銷流程與原則，必能大幅提升成交機會。最後筆者提出獨創FAGC的異義問題處理技巧，有別於以往點對點的方式，FAGC採取結構式與引導式的技巧。先Follow追隨客戶議題取得認同，再透過Agree「讚美、肯定、認同、關懷」八字眞言強化客戶信任，接著再次提出Good商品賣點激發客戶興趣，最後Close邀約、嘗試成交。本書最後分享「十大約訪反對問題」解析與應用，運用獨創的FAGC技巧直接解題，解決行銷人員最頭痛的十大反對問題。相信只要持續實戰演練，假以時日人人都有機會成爲棘手問題處理與溝通高手。

本書集結筆者十多年業務行銷與培訓心法，加上顧問輔導的新技法，期待讀者能從中領悟新思維，有效提升業務行銷技巧。感謝各方賢達給予建議與指導，筆者雖極力忠實分享所學，恐難免有疏漏之處，還請各位讀者不吝指教，做爲將來再版的參考。再次感謝各位撥冗閱讀，期《種子銀行：金融業的大未來》一書能對各家銀行提供新型態的財管機營模式，建立「種子銀行培育銀行種子」的架構。對有心從事業務工作的朋友，提供最創新、最有效的行銷方式，強化業務戰力。

最後祝各位讀者事業順利、心想事成！

林秉葦
David
謹誌于觀音禪居
bk1605@gmail.com
民國一〇四年九月三十日

目次

CONTENTS

下篇

上篇

「種子銀行」——Bank 3.0後銀行新型態

第一章

Bank 3.0後的銀行業新趨勢

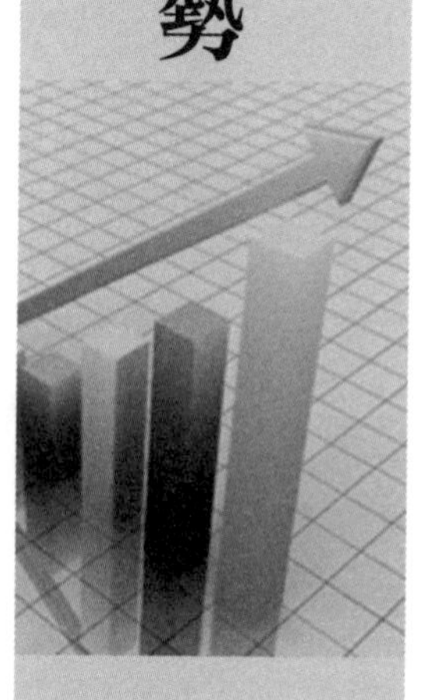

自財富管理策略大師BrettKing提出Bank 3.0銀行轉型未來式概念後，在全球銀行業掀起一陣旋風。近年來由於網際網路的發達，如阿里巴巴互聯網的崛起，加上X世代（1964-1975年間出生）以後的新世代生活已離不開網路（台灣人平均一天上網時間超過二小時），導致宅男宅女愈來愈多。這些網路族群逐日壯大，間接影響消費行爲，而這些年輕族群到了中年（四十歲）以後變成了銀行的主力客群，所以誰能掌握年輕世代便能掌握未來市場。

從網路世界的發達帶動3C產品的興盛，以蘋果電腦來說，2011年一年內所售出的iOS裝置銷量，已超越過去二十八年間所有MAC電腦的累計總銷量，證明相關產品「擴散率」、「普及率」、「重覆率」與「汰換率」正大幅加速提升，連帶影響金融業的商業模式與消費習慣改變。正如Bank 3.0所提出消費者行爲改變的四個階段：（參考《Bnak 3.0》一書）

階段一：網際網路和社群媒體——主打客戶主控權與多元選擇

階段二：「螢幕」和智慧型手機——主打客戶隨時隨地皆可互動與掌握訊息

階段三：行動錢包——主打無卡、無現金便利性新消費行爲

階段四：人人是銀行——主打消費行爲普及性與無所不在的便利性

基於消費者行爲的改變，銀行業不得不創新商業模式。試想現代人多久會進一次分行？多久會逛一次大賣場？多久會逛一次百貨公司？又多久會至便利超商消費？事實上一般年輕大眾一個月能走一趟分行已算多了，許多的金融消費行爲例如：存匯、轉帳、基金下單、股票投資等皆可透過電話或網路進行，反觀我們走進便利超商的次數就比進銀行的次數大多了。

因應未來的客戶消費趨勢，Bank 3.0提出未來客戶會去銀行的三個原因：

一、需要到實體通路存現金（多半是小型的零售類企業）。

二、因為不太了解某種產品需有人提供建議或諮詢。

三、有個在分行以外的通路都無法解決的棘手問題。

客戶能在網路上處理的金融交易就不用花時間跑分行，除了非得在分行處理的業務，像是存款之類，以及專業度高客戶需要專業人員給予建議或協助的業務，例如：投資理財、退休規劃、高資產節稅等，必須透過專業理專提供財富管理服務。這也是銀行大未來的趨勢，故須透過「種子銀行」的架構積極培育未來的「銀行種子」。

基於金字塔頂端客戶及專業整合行銷趨勢，Bank 3.0另提出「品牌旗艦店」的概念，透過極致的服務創造客戶需求，這取決於五大要素：

一、引人入勝、互動性、溫暖又開放的零售銀行業務空間。

二、深諳人際溝通技巧的現場人員。

三、專為服務與諮詢（而非交易服務）所設計之全新的分行系統。

四、針對個別客戶即時提供個人化服務的能力。

五、鼓勵員工主動提供服務（而非銷售商品）的文化和考核機制。

未來銀行的客群除了非上分行不可的業務外，更重要的是能提供專業諮詢的服務，尤其是VIP客群的開發與經營更是兵家必爭之地。要開發與經營高端客群，銀行的「品牌旗艦店」就會扮演不可或缺的角色。從專業、溫暖與吸睛的貴賓理財中心建構，到多元、熱情與善解人意的專業理專。要創造銀行差異化價值，有效增加VIP客戶數量，透過徵才、育才、留才「三位一體」機制培育「銀行種子」就成爲當前銀行業非常重要的課題。

由此趨勢可知，未來客戶的需求在於銀行能提供專業化與多元化的金融服務。例如：客戶雖能自行基金下單，但須專業的投資分析時仍需透過專業的理專說明。或是客戶需要保險、基金、ETF、PPCD、組合式商品等多元投資建議，仍須藉助理專與投研團隊的專業與經驗。再者，如VIP客戶需提供專屬尊榮整合行銷時，也必須由品牌旗艦分行提供量身訂製的尊榮服務。故銀行在邁入Bank 3.0的時代後，專業的財富管理就會成爲未來的競爭力，而「專業理財人員」的培養便是現今銀行業的首要任務。「人才力便是競爭力」，誰能有效地培育優秀的財富管理人才便能於競爭激烈的金融紅海中脫穎而出。

Bank 3.0書中所提到分行的轉型藍圖上，銀行可在未來三到五年鎖定之領域，以提升分行的客戶品質與財務績效，包括：

一、降低客戶與銀行互動的阻力、複雜度與障礙。

二、改善與客戶溝通的方式與語言。

三、加強客戶行爲分析，以提升預測和滿足客戶需求的能力。

四、改善分行系統，以及及重新訓練或聘用面對客戶的關鍵員工。

五、進一步採用交易自動化和服務科技。

六、完全移除交易功能。

在Bank 3.0的概念提出後，各國較具規模的銀行業紛紛起而傚之。部分先進的歐美國家甚至提供「去銀行化」的概念，希望透過網路社群與IT的力量就能完成許多以往在分行做的業務。面臨銀行業快速轉變的趨勢及打「亞洲盃」急需的強大競爭力，「客群分析」將扮演舉足輕重的後勤角色，「財富管理」也必須強化客戶「溝通力」與「服務力」，分行的功能則必須轉爲「專業化」與「多元化」的服務，而服務的項目要由金字塔的底端邁向高端。此時不得不再次提出「種子銀行」架構的重要性，以及培育專屬「銀行種子」的當務之急。

在一篇專業報導中提到，德國Fidor Bank提供的服務很妙，只要Facebook按Like數夠多，存款利息最多可加兩倍，銀行把「按讚數」當作存款利率指標，基本的存款利率是0.5%。Facebook頁面每多兩千個Like，利率就調升0.1%，最高可達1.5%，每年年底利率則歸零重來。日本的樂天銀行可讓顧客直接從Facebook匯款給朋友，你甚至不必知道對方的銀行帳號；中國的微眾銀行，只要拿手機「刷」一下臉，立即可以開戶申辦貸款等，手機取代信用卡、每人都有行動銀行帳戶，指日可待。

除了投資理財靠一指在手機上搞定，舉凡房屋貸款、子女教育基金、匯款等事宜，也都可以在網路銀行上完成。因爲網路銀行愈來愈方便，4G網速又快又穩定，因此年輕人上銀行的次數明顯減少許多。

從上述趨勢來看，我們如常使用銀行所提供的各種金融服務，只是不見得需要到銀行才辦得到，因爲這些服務，都可以透過網路在電腦或手機上完成。年輕一代習慣在手機上辦妥這些事，這將是一個銀行業的創新大變革！

銀行面臨Bank 3.0的趨勢，有先見之明的銀行必須儘速完成二件重要工作，一爲「精實分行作業人力、培育優秀業務人才」，二爲「擴大IT效能、精準客群分析」。培訓爲企業的百年大計，有效培養優秀人才無疑提升銀行戰力，若能搭配IT功能的擴大整合以及精準的客群分析，更能相輔相成，相得益彰。台灣的銀行業，尤其八大金控，官股銀行正積極打「亞洲盃」，更應積極建構完善的培訓架構，培養優秀人才，強化業務戰力。

當然「工欲善其事，必先利其器」，IT的整合與效能強化也是當務之急，大數據（Big Data）系統建構能促使行銷效率化，「精準行銷」將掀起銀行另一波的行銷變革。近一年來，外商、國銀與本土銀行例如花旗、渣打、兆豐、玉山、中國信託、台新與國泰世華銀行等，紛紛致力於財富管理發展，傑出的理專往往變成爲各家銀行挖角對象。

由此可知專業化的財富管理團隊是未來銀行的致勝關鍵之一，於是筆者提出

「種子銀行」的架構，透過「徵才、育才、留才」三合一的方式培育「銀行種子」。將「電銷」的技巧融入「面銷」的實務，由「主人式行銷」取代「僕人式服務」，強化業務戰力，厚植組織發展。可想而知建構「種子銀行」培育「銀行種子」的概念即將崛起，並可使銀行業務戰力倍增，在競爭激烈的紅海中脫穎而出，這是每家銀行都必須正視的議題。

第二章

行銷3.0新時代與消費者行為

在銀行理財業務競爭激烈的環境下，想要戰勝群雄脫穎而出必須先了解行銷的演進與消費者行爲發展，茲針對行銷3.0新時代與現今消費者行爲分析做進一步說明：

行銷的演進各家學者說法不一，有人以年分劃分，也有人以技術劃分。筆者根據跨時代的行銷技巧來分析，應更能精準貼近市場的轉變。

一、行銷3.0的演進

■行銷1.0時期：產品導向

2000年以前也就是20世紀時代，銷售行爲大都以產品爲導向，商品同值性過高特色不足，此時常見的銷售方式爲「薄利多銷」的殺價競爭，賺到銷量卻也犧牲利潤。此時期之客戶常以定存方式保存資產，搭配股票、保險、基金方式投資理財，各家銀行銷售的商品差異性不大，故處於紅海市場之競爭狀態。

就好比我們童年時期到雜貨店買東西，每家雜貨店的商品不論是日常用品、糖果、飲料、食品長相其實都差不多。想要以較便宜的價錢購買就必須以量制價，加量購買才有優惠折扣。以行銷模式來說，此時期的市場是以「數量決定價格」。

■行銷2.0時期：客戶導向

2000年至2010年約十年的時間，行銷技術的升級邁向「需求導向、以客爲尊」的時代。此時期推出「藍海策略」一書，訴求「差異化價値」的提升，銀行業的服務也進階到爲客戶「量身定做」與「客製化」的階段。此時期銀行業發展出「需求行銷」、「精準行銷」與「顧問式行銷」的新型態行銷模式，在行銷領域中造成一股新潮流，許多金融業、汽車業、房仲業甚至零售連鎖業紛紛起而傚之。

推行初期確實收到很好的效果，專屬的服務讓客戶感受到「符合需求」的精準規劃，能夠過FNA（財務需求分析）針對客戶需求提出的理財規劃建議，更能獲得客戶的認同。

金融業的變化總是瞬息萬變，而業務競爭壓力也是與日俱增。經過十年左右的實行，漸漸不敷當初的成效。主要原因是金融業的競爭太過激烈，當每家銀行金融商品不斷推陳出新，理專們都訴求量身定做的「需求行銷」時，客戶有太多選擇容易麻痺。於是積極營造的「藍海市場」又重新變成「紅海市場」，財富管理又面臨新一波的挑戰。

不只是金融業的競爭，常見的超商大戰亦復如此。例如：當全國最大連鎖超商7-11推出累計點數兌換活動時，排名第二的全家便利超商也積極跟進，此時是二大強權之爭。但當五大超商同時加入戰場時，便由寡占市場變成紅海市場。此時客戶已不再感到新鮮感，誰能再創差異化價值才能重新取得競爭優勢。近年來的「超商霜淇淋」大戰亦是一個典型的例子，當7-11與全家便利超商紛紛推出霜淇淋優惠活動時，大眾口味的喜好與C/P值得高低就變成決勝關鍵，這個時期的市場是以「需求決定價格」，如何創造新的行銷價值就是最重要的課題。

■行銷3.0時期：價值導向

2010年迄今稱爲行銷3.0時代，主打以「高價值創造高價格」訴求，現在最常見的有所謂「創意行銷」、「品牌行銷」、「故事行銷」、「五感行銷」、「情境行銷」以及「附加價值行銷」。現在的客戶往往太過於理性，尤其是金融業容易流於「利益比較」而忽略的「無形價值」。例如：保險商品的精神在於「現在爲將來做準備」，但也些客戶容易失焦在利息的訴求，殊不知「算得出利息卻算不出風險」。因此由「感性行銷」化解客戶「理性盲點」，讓「利潤訴求」導向「價值訴求」，才能打破客戶新房創造業務佳績。

爲了創造客戶既符合需求又享有尊榮體驗的服務，各家銀行紛紛規劃「私人銀行」及「貴賓理財中心」等VIP專屬頂級服務，從場地動線的規劃到情境氛圍的創造以及貴賓優惠的設計，無不以滿足客戶「眼耳鼻舌身意」六感，讓客戶體驗專

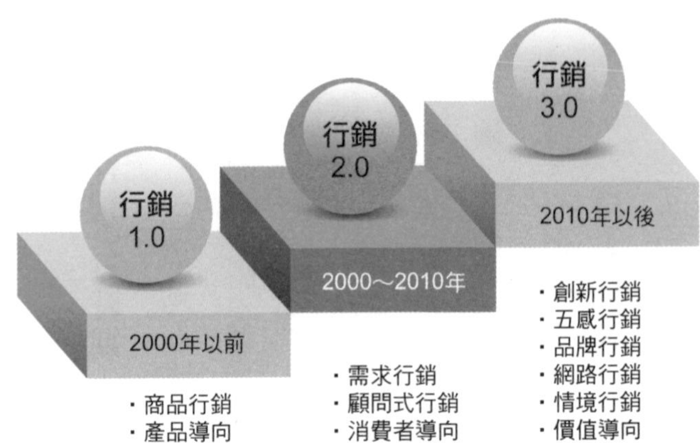

屬尊榮服務爲主。此時期的行銷模式是以「價值決定價格」，誰能創造行銷新價值便能掌握業務新市場。

二、消費者行為分析

根據專業市調機構「尼爾森」的調查，台灣人的消費行爲相較於全球行爲習慣有其獨特性，其中「購買產品的關鍵因素」前三名分別爲：

1. 緣故的意見

當客戶對商品猶豫不決時，基於對緣故的信任，往往周遭親朋好友的建議便是促成購買行爲的臨門一腳。例如：當客戶正在猶豫是否要規劃美元保單時，剛好一位好朋友也買了一張美元保單，也推薦這張保單只要繳費四年自第二年起年年領年金，繳費輕鬆即可爲自己準備一份終生俸。此時就容易打動客戶，幫助客戶做決定，這就是緣故推介的力量，也是行銷流程中不可或缺的關鍵因素。

2. 品牌的喜好

台灣人是非常重視品牌的族群，客戶往往會視品牌爲身分地位的象徵。例如：買球鞋很多人非買NIKE，買名牌包總是LV、愛馬仕，簽約總愛使用萬寶龍名筆，開車喜歡BENZ與BMW等，所以客戶的消費習慣對名牌容易趨之若鶩。

以金融商品來說，公司的知名度與評價是品牌，商品的價值是品牌，銷售人員的專業與服務是品牌，而貴賓理財中心的氛圍與環境也是品牌。抓準了消費者心理，如何透過一系列的規劃與培育，創造屬於您的專屬品牌便成爲當務之急。

3. 社群的影響

由於網路的世界逐漸發達，社群網站的影響力無遠弗屆，「網軍」的力量常扮演推波助瀾的角色。例如：一般人常會上「手機王」看看手機的評比，上Facebook

看看朋友的分享與推薦，上Mobile01閱讀新產品開箱文，上Yahoo奇摩查詢商品回饋意見，上Google搜尋商品相關議題……等，社群意見的影響力已成爲「隱形戰力」，這股「幕後黑手」的力量千萬不可忽視。

近年來從事「口碑行銷」的人愈來愈多，最大的特色就是「費用低廉」、「傳遞效率」、「不限時間」、「不限地域」的優勢，加上年輕客群多是網路族群，所以善用社群「網軍」的力量，藉由省時、省錢、省力的方式行銷，便是新型態的行銷模式。

若再進一步分析依據消費者行爲模式，可區分爲「理性」、「感性」、「需要」、「想要」四大象限（如後圖所示）。北部的客戶「理性」居多，此類客戶重利益比較，應以「感性」方式行銷。中南部客戶較爲「感性」，中部人熱情健談，南部人台語口音較本土，更需以「感性」方式拉近關係建立客戶的信任度，往往成交的關鍵就在於客戶的信任與關係。

俗話說「你不理財，財不理你」，從商品面來看其實都有適合的客戶族群。但爲何仍常遇到客戶反對問題？主要的原因在於客戶雖然「需要」理財商品，卻不一定人人「想要」。舉例來說：眾所皆知連續三十幾年十大死亡第一名都是癌症，若以未雨綢繆的角度人人皆應及早規劃防癌險，但仍有不少客戶沒那麼重視。主要原因是周遭家人朋友並沒有人罹患癌症，故失去危機意識，而忽略了保險的意義與精神就在於「現在為將來做準備」，這就是客戶對商品有需要但不會想要的迷思。

有句話說「世界上最難的事情就是將思想放入客戶的腦袋，再將客戶的錢放入我們（公司）的口袋。」到底什麼樣的商品會讓客戶願意掏錢購買？答案是「高價值」的商品，因為高價值的商品容易讓客戶由理性走向感性。從「百貨公司週年慶」最能看出消費者購買行為，每年的百貨公司週年慶總是人山人海，在這些搶破頭要大血拼的人潮中不乏年輕客群。依照近年大學社會新鮮人平均薪資約2.5至2.6萬元的水準，血拼的「戰果」可能有LV的名牌包或是萬寶龍的名筆。為何他們願意花二個月以上的薪水購買高檔名牌商品？原因是當客戶一見到「奢侈品」時立即會從理性轉為感性，這也呼應了筆者所提出的「高價值會創造高價格」。

如何讓客戶從「需要」到「想要」，必須從「激發興趣」著手，透過「感性訴求」及「引導式銷售」讓客戶逐步「發掘需求」或「創造需求」，自然而然達到

「滿足需求」。故以「理性」、「感性」，「需要」，「想要」四大象限區分客戶與商品屬性，進而達到「高價值創造高價格」的目標。例如：信用卡商品通常屬於「理性」導向，客戶對於現金回饋，加油回饋，購物回饋或紅利回饋有其理性的需求，但透過「異業結盟」，「附加價值」及「品牌設計」等規劃亦可增加客戶申辦意願，像是有HolloKitty、拉拉熊、多啦A夢設計的卡片也多吸引年輕客群的加入。完整的高效能行銷流程與客戶開發技巧，將在本書下篇詳細說明。

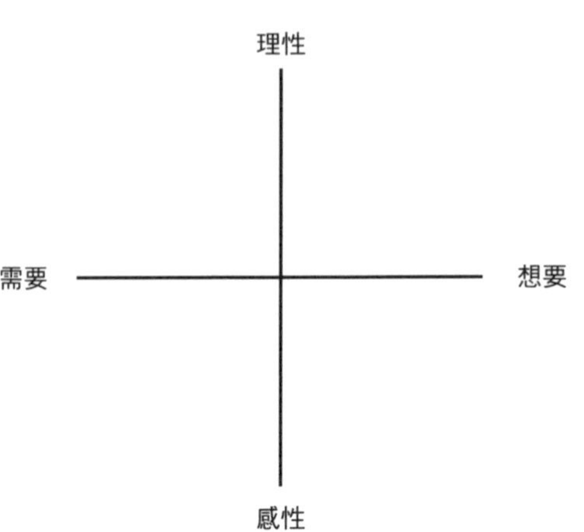

第三章 「種子銀行」新型態的經營模式

近年來銀行財富管理競爭日益激烈，擁有「人才力」才能掌握「即戰力」，而人才的經營與培育便是銀行基業長青的百年大計，像是外商花旗銀行也是透過完善的教育訓練培育專業人才。

現行銀行業理專招募來源不外乎內部推介與對外招募（新進理專、經驗理專），每家銀行無不使出渾身解數拓展財管人力。

一般來說內部推介各家銀行雖有獎勵但成效有限，主力需靠分行自行招募來拓展理專人力。要引進及培養新進的理專需要一套有效且完整的培訓與養成機制，以建立理專共同的行銷模式提早適應銀行文化，強化業務力與定著率。

綜觀銀行業求才若渴又擔心爲人作嫁（被挖角）之現況，由全行角度從「心」培養符合企業文化與理念之理專乃當務之急。後續亦可複製成功模式至AO（放款）人才培育，故筆者提出銀行新型態的經營模式乃架構「種子銀行」培育「銀行種子」，採取「徵才」與「育才」雙頭並進，結合「電銷」與「面銷」整合戰力。強化理專實力，厚植組織發展。

一、分行、推介、Hunter架構

在實務上，分行內部推介與自行徵才是現行銀行培育理專人員最常見作法，惟現今金融業競爭激烈必須尋求更多元的徵才方式。經同業挖角的理專有時流動性偏高，原因不外乎是文化的適應與利益的誘惑，而新進理專又往往面臨訓練不足的問題。導致整體理專定著率不佳，浪費公司培育成本，故筆者提出第三條理專徵才管道「Hunter Team」的成立，以三管齊下方式搭配「電銷」結合「面銷」的戰力培訓，建構完整與強健的財管組織，這將是銀行財管未來的決勝機制。由「種子銀行」培育「銀行種子」架構如下說明：

1. 分行自行招募：

由分行自行招募或內部推薦之理專，除接受公司制式訓練，分行訓練及理財主管的輔導，應透過公司規劃「電銷技巧培訓」、「識人力培訓」與其他專案課程的規劃以提升行銷戰力。

2. 成立Hunter Team：

於北中南三區設置「Hunter Team」，由三區種子講師進行招募，管理與培育，種子理專遴選的條件爲有志成爲Top理專且具備部分專業證照者或是同業理專經驗未滿一年者。Hunter Team成員依照學習狀況約三至六個月通過考核即可分派至分行，分派的原則可依分行「資源度」、「地緣性」與「貢獻度」做爲分派依據，確保新任理專能在好的環境中成長茁壯。

Hunter Team培訓主要目的在建立文化的認同，打下金融專業的基礎，以及培養「電銷」與「面銷」的行銷技巧。故課程的規劃至少需包含「財經讀報訓練」、「電銷技巧訓鍊」、「面銷技巧訓鍊」、「技術分析訓練」、「聽Call話術訓練」

與「個案輔導訓練」。另需搭配輔導考取八張金融證照以取得理專銷售資格，包括「人身保險業務員」、「投資型保險業員」、「外幣保單」、「財產保險業務員」、「信託業務員」、「投信投顧業務員」、「結構型商品」與「證券商高級業務員」專業證照。

在Hunter Team培育的「銀行種子」取得理專門票（證照）並學習到新型態的行銷技巧後，相信對公司文化與培育資源會有進一步的認同。再依「資源度」、「地緣性」與「貢獻度」分派至績優分行，更能確保理專下單位後能有效定著進而創造佳績，也能與分行自行招募理專的培育有相輔相乘之效，這就是Hunter Team成立的目的。

3.種子講師的建立：

「種子銀行」專案計畫的成功，「種子講師」將扮演非常重要的角色。傑出的講師是一位優秀的「教練兼導師」，能傳授專業技巧亦能心靈輔導激發工作熱忱，故需兼具「硬實力」與「軟實力」的功夫。

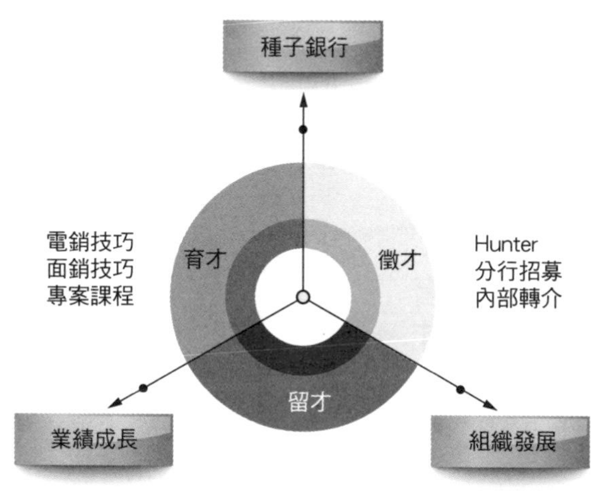

這樣重要的工作必須成立「種子講師」專案小組來執行，不建議支援或兼任的講師來執行，否則容易權責不分效果亦打折扣。「種子銀行」的架構就是在北中南三區建立專人專責的「種子講師」，由總行統籌培訓架構與內容，先培育「種子講師」的職能確保訓練一致性，定期舉辦北中南三區「種子講師」教學研討與課程研發，提升培訓成效。相信假以時日這些作育英才的「種子講師」便能爲銀行培育更多的「銀行種子」，創造更多的業績與營收，這就是「種子講師」的重要價值。

二、電銷與面銷技巧整合運用

現行銀行理專尤其是基層理專大多習慣經營「自來客」，屬於被動式行銷。在現今金融業競爭激烈的環境下，如果只經營「自來客」將會愈來愈難以生存，於是近年以服務至上的「僕人式行銷」必須要再次升級。

一般來說金融業電銷人員與面銷人員分屬不同領域也各有擅場，在不同的領域中相互較勁。從另一角度思維，倚天劍（電銷）與屠龍刀（面銷）是否有合作空間？相信這會是未來行銷技巧的新型態。筆者認為結合雙方的優勢便能相輔相乘，理專人員若能結合「電銷」與「面銷」的技巧戰力將會明顯倍增，透過電話行銷技巧主動邀約客戶便能大幅提高與客戶面談的次數，間接提升成交的機會。而化被動為主動的「主人式行銷」，就是筆者提出的「電銷與面銷技巧整合運用」模式。

三、徵才、育才、留才三位一體架構

一般來說銀行的徵才大都由分行自行招募為主，實際招募成效有限。育才部分，新進理專在公司新人訓完訓後，便由分行及理財主管負責訓練，而每個單位的訓練方式不盡相同，缺乏完整性的培訓。留才部分，公司皆會規劃理專制度願景與獎勵方案，雖能達到一時效果但「留才要留心」，如何建立理專對公司文化的認同與提升定著率便是當前最重要的課題。

爲突破現況提升理專產能與定著率，筆者提出「徵才、育才、留才三位一體」的創新架構，發揚建構「種子銀行」培養「銀行種子」的精神。三位一體架構如下：

徵才部分，除現行分行招募與內部轉介外，另加上主動「Hunter」的管道與培育，三管齊下創造更多元的招募方式。在三方合作的徵才架構下，搭配有效的培育與留才計劃，將可相輔相乘厚實組織發展。

育才部分，配合現行公司與分行訓練課程，首先要先建立北中南三區「種子講師」師資，培訓的成功跟「課程的規劃」與「講師的功力」有密不可分的關係。優秀的講師除需具備傳道、授業、解惑的功夫，同時也是受人歡迎的「激勵大師」。尤其業務團隊每天面臨龐大的業績壓力，Top Sales要的不只是技巧的提升，更需要心靈的成長，「激勵大師」的角色便能由激勵士氣達到業績成長。課程部分再加上「分行電銷技巧」與「專案行銷技巧」課程培訓，強化理專「電話約訪」與「客戶識別」的能力，並不定期安排「專案課程」充電，讓理專能不斷學習成長。Hunter

Team部分主要以培育未來理專爲主，故以理財基礎與行銷技巧做爲主軸，其培訓架構可概分爲「財經讀報訓練」、「電銷技巧訓練」、「面銷技巧訓練」、「技術分析訓練」，「聽Call分享與話術訓練」與「個案輔導訓練」等。整套培訓架構由基礎扎根，透過實戰活用，提升行銷實力，強化理專戰力。

留才部分，將以現行制度與獎勵爲基礎，再強化「企業文化的建立」與「培訓資源的提供」。在財管競爭激烈的環境下，理專的流動是家常便飯，而異動的原因主要爲「不適應」和「沒賺錢」。常見理專好不容易轉換跑道，卻發現與企業文化無法融合，或是因爲無法達到績效目標沒賺到錢而離開，對銀行來說也是人員培育

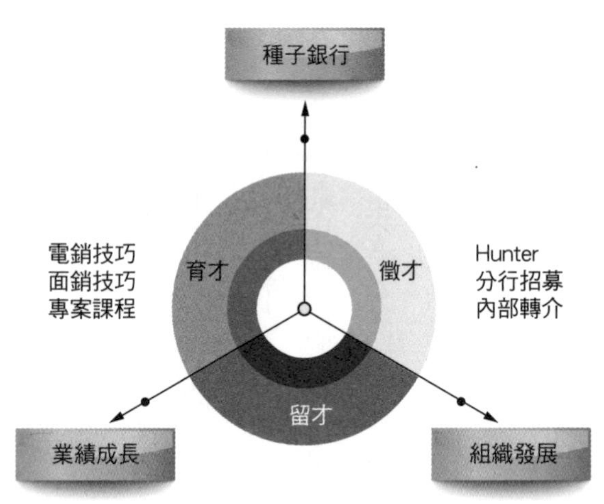

成本的損失。故於新進理專培育便須先建立企業文化的認同，以及強而有力的培訓機制，讓理專能學習成長創造佳績，其實最好的留才方式就是讓員工認同文化以及賺到錢。而「種子銀行」徵才、育才、留才三位一體的架構正如右圖所示：

四、銀行業立地商圈經營延伸

銀行業的經營就像連鎖業的發展，要制定有效的經營與展店計畫，從「商品、商店、商場到商圈」的延伸需有一套完整的執行規劃，故須從3C（corporation, customer, competitor）定位著手。從「商品」面來說，理專本身就是商品，最重要的是「定位」，一家銀行對理專的培育與發展是否有完整的計畫？是否能提供充足的技術與資源？是否有吸引人的願景與共同的工作理念？這些都必須從理專新進時便已確立。

有了銀行的「商品」定位，接下來要在「商店」執行，銀行的商店指的就是分行。由總行將「徵才、育才、留才」三位一體的架構建立後，第一線分行的執行就非常重要，此階段最重要的就是「落實」。如何尋找有潛質又認同公司文化的理專？如何透過培育SOP進行人才培養？如何協助新進理專提高收入？如何幫助新進理專滿足工作願景？這些都是分行（商店）非常重要的課題。

在每家分行開始進行「徵才、育才、留才」三位一體的架構後，緊接著便進入「商場」建立的階段，這也是銀行經營「點線面」的拓展模式。從分行「點」的建立，透過「種子銀行」架構培育「銀行種子」，到北中南三各區「線」的運作，再到全國營運的整合「面」的經營。每個階段都是環環相扣，相輔相乘。由總行統籌規劃，由各區、分行落實執行，專業分工，分層負責。

現在金管會不斷鼓勵大型金控銀行參與「亞洲盃」，先遣部隊以八大銀行爲主，目的就是希望能增加國際視野，拓展企業規模。亞洲盃成功的最快方式就是「複製成功方程式」，以「種子銀行」培育「銀行種子」的模式是最容易也最有效率的方式，可協助銀行於短期間建構戰力完整的財富管理團隊，這也是筆者提出銀行未來的新型態財管經營模式。以連鎖經營商品、商店、商場與商圈「點線面」概念，延伸至銀行本土經營，放眼國際的宏觀經營模式，協助銀行繳出亞洲盃漂亮的成績單。

第四章
「銀行種子」新識力的崛起

孫子兵法云：「凡戰者，以正合，以奇勝。」在金融業競爭激烈的環境中，能出奇制勝掌握先機才能創造佳績。所以「人無我有，人有我優，人優我多，人多我轉」就是克敵制勝的關鍵，能整合超強戰力，創造差異化價值便能戰無不勝。「銀行種子」就是因應未來的競爭而培養的生力軍，這股結合「電銷」與「面銷」技巧的新戰力，就像倚天劍與屠龍刀的結合，將成爲未來銀行強而有力的財管部隊。

「銀行種子」的成功有三個關鍵因素：

一、多元生態的文化整合

企業文化的整合與認同有助於理專信心的提升，來自不同環境的理專面臨不同文化的衝擊時，容易公司規範與工作習慣的不同造成不適應，影像理專定著率。這不光是銀行人才的損失，更重要的是理專栽培成本的浪費。

「種子銀行」所建立的培育架構，可讓新進理專充分瞭解公司文化，透過標準化的培訓協助理專提高產能增加收入。業務團隊的建立往往是「氛圍改變觀念，觀念改變態度，態度改變行爲，行爲改變成就」，只要能先認同公司文化便能堅定工作信心，強化學習動力，進而創造業務佳績，這就是「種子銀行」多元生態的整合功能。

二、技術思考到思考技術

行銷技術有不同的層級，以理專的工作性質來說屬於「面銷」的領域，也就是說與客戶面對面的銷售。各家銀行針對理專皆有規劃不同時期的行銷技巧訓練，而理專在實務上就會根據所學技巧累計實戰經驗，進而找到適合自己的行銷方式，這是屬於常見的「技術思考」階段。一個優秀的Top Sales會從豐富的實戰經驗中創新行銷技巧，將自身的行銷技術升級，筆者稱作「思考技術」階段。

銀行業的培訓一直都是重要的百年大計，必須將培訓架構由「技術思考」邁向

「思考技術」階段。掌握孫子兵法「出奇制勝」與「兵貴神速」的原則，才能搶得先機創造佳績。本書結合「電銷」與「面銷」技巧的戰力整合，能打破傳統「自來客」的行銷模式，由「僕人式銷售」進階爲「主人式銷售」，化被動爲主動爲理專創造佳績。而收入的增加，連帶會提升理專的定著率，「銀行種子」的新識力即將崛起。

三、單打獨鬥到團隊合作

以往銀行理專的招募與培育大部分由分行主導操作，而分行業務繁重，加上理財主管的專業與經驗不一，導致理專的培育容易流於單打獨鬥。這樣的理專培育方式不但沒有一致性，且各自爲政的方式效果會打折扣。

「種子銀行」的精神就是建立標準化且有效的培育系統，由傳統單打獨鬥進階到團隊合作，藉由總行的統籌到分行的運籌，搭配「種子講師」的培育扎根，能快速建立優秀且認同公司的財管部隊。「群策群力，以竟其功」，這才是「種子銀行」的精神與目的。

第五章

「種子銀行」架構三大效益

「種子銀行」乃新型態的經營模式，能以高效能的模組建構績優財管團隊。其「徵才、育才、留才」三位一體架構，能有效達成厚實組織發展，強化業務戰力與建構培訓系統三大目標，分述如下：

一、厚實組織發展

有別於以往由分行自行招募成效緩慢的窘境，「種子銀行」專案計畫結合分行招募，內部轉介與Hunter培育三管齊下的方式培養「銀行種子」，先透過「種子講師」的培訓協助新進理專認同企業文化並學習行銷技能，再交由分行理財主管做後續輔導。

筆者提出的「種子銀行」專案計畫，讓理專先認同企業文化，再培養專業技能並協助理專賺到錢的方式，可大幅提升理專定著率協助擴展財管部隊規模，這必須由總行與分行上下一心共同來執行方能成功。正如孫子兵法所云「上下同欲者勝」。

二、強化業務戰力

「種子銀行」的培訓架構的特色是跳脫傳統銀行的面銷訓練，加入「電話約訪」的技巧，讓理專增加與客戶見面的機會，增加銷售成績。一般來說結合「電銷」與「面銷」的技巧並不容易，因爲分屬不同的行銷領域，故須先培養銀行「種子講師」，以及建立一套有效的培訓流程，再依照「種子銀行」專案計畫SOP逐步強化理專戰力。

新型態的理專培訓架構，加上「電話約訪」技巧的加持，搭配專業「種子講師」系統化的授課，以及分行理財主管的後續輔導。每個階段環環相扣，這將會是銀行未來新戰力的整合，也是業務提升的關鍵因素。誠如孫子兵法所云「兵貴神速」，金融業戰國時代誰能搶得先機便能出奇制勝，創造銀行財管的新世代。

三、建構培訓系統

教育是銀行的百年大計，人才的培養亦是業務戰力的扎根。不論銀行規模的大小皆應建構完整的培訓系統，而培訓系統的建置必須具備完整性、效率性、實戰性，才能協助理專建立扎實的基本功，並能有效達成業績與收入目標。

筆者提出「種子銀行」的培訓架構以「電銷」結合「面銷」技巧為主軸，融合「專業」與「實戰」的培訓，整合「外在的技巧」與「內在的涵養」。能建立理專業務信心，強化業務行銷技巧，增加理專業績收入，進而成為財管引領風騷的「銀行種子」，此培訓架構乃「種子銀行」非常重要的成功關鍵。

下篇

「種子銀行」——超強業務力的實踐

本書上篇主要介紹「種子銀行」架構的新思維與執行模組，提供銀行企劃、訓練與財管部門參考。

而本書下篇則著重「種子銀行」培育「銀行種子」的實踐，由行銷的最高境界開始到行銷前的準備，再延伸到電銷的密技，包含黃金30秒的開場技巧、保持通話的五大祕訣、引導式約訪的十大心法、製造下次機會的五種方式等。最後談到面銷密技部分，包括聲入人心的聲音技巧、DISC與五行觀人術、行銷四大流程、FAGC異議問題與十大反對問題解析等。

本書下篇「種子銀行」的應用，結合了新型態的「電銷」與「面銷」技巧，整合「專業」與「實戰」經驗，融合「硬實力」與「軟實力」的發揮，可說是東方智慧與西方思維的融合，能協助理專（業務人員）行銷技巧升級，是近二十年實戰經驗累積的業務寶典，值得好好的珍藏與體驗。

第一章

行銷的最高境界——天人合一

「堅持到底，做就對了」、「勤拜訪，勤跟催」、「一日多訪，假日經營」，這些都是常見主管要求理專努力的方向，但不見得人人都有成效。業務行銷不能只有方向，更需要成功的方法。在金融業競爭激烈的環境中，光靠努力與毅力並不代表有競爭力，能出奇制勝激發客戶興趣才能脫穎而出。

有鑒於許多銀行或大型企業的培訓雖有制式化教材，但仍偏重於專業理論的「硬實力」，或較爲死板的背話術稿，忽略了與客戶間最重要的「軟實力」溝通技巧。此種行銷方式容易讓客戶覺得眞誠不足或過於「匠氣」，也可以說是「太油」，無法有效取得客戶信任尋得客戶需求。故須將行銷的方式更生活化，談笑間讓客戶「開心」參與理財規劃，行銷於無形。

「種子銀行」架構所培訓的行銷方式，乃將行銷技巧再次升級，透過人心與人性的洞悉，結合「硬實力」與「軟實力」的技巧，將行銷的層次提升至「天人合一」的最高境界，昇華至「行銷的藝術」。請容筆者後面再一一闡述說明：

一、「佛為心，道為骨，儒為表」的體現

根據筆者十多年的業務經驗，成功的行銷須從「發心」做起。世間萬緣總伴隨因果相生，佛家說「一心能生萬法」，發善心自得善果，有正確的發心才會感召貴客上門。但在業務線上仍不難發現部分業務員習慣以「自身利益」爲銷售的優先考量，只願意銷售高獎金商品，未完全針對客戶需求銷售，這將導致後續客訴事件發生或斷送後續商機，眞是損人不利己之行爲。故行銷需站在「幫助客戶」的立場，以「客戶需求」爲出發點，此發心筆者稱作「佛心」，以佛爲心就是以客爲尊，能協助行銷的過程中更能打動客戶維繫長期關係。

坊間行銷技巧不勝枚舉，常見一些業務伶牙俐齒，滿嘴話術滔滔不絕，但爲何

仍無法成爲Top Sales？原因在於心不誠則不動人，過於花俏華麗的話術容易造成客戶心生退卻，擔心害怕受騙。所以除了「以佛爲心」的發心外，必須將外在的行銷技巧蘊藏內斂蓄勢待發，此乃「以道爲骨」的行銷手法。即便業務員身懷絕技（高超的行銷技巧），仍需「如如不動，道法自然」，依照行銷流程「開門、寒暄、切入、成交」在適當的時刻展現關鍵行銷技巧，才能打動客戶創造佳績。

要達到「天人合一」的行銷最高境界光靠發心與內斂尚不足夠，專家常說客戶「第一印象」與行銷「黃金30秒」很重要，談的就是如何在客戶心中留下好印象。而第一印象的產生往往建立在初次接觸時，如何「不唐突，不躁進，明分寸，知禮儀」就是重要的課題。故建立「以佛爲心」的發心，與「以道爲骨」的技巧後，最後要加上「以儒爲表」的儀態。中國儒家講求的知書達禮與溫文儒雅，這正是客戶最能接受的行銷方式，過猶不及仍是不足。

二、「上善若水，道法自然」的行銷境界

業務要永續經營必須有一套能打遍天下的行銷技巧，而這套攻無不克戰無不勝

的技巧就藏在中國傳統的古老哲學。老子說「上善若水，水利萬物而不爭」，意謂水行於天下在於其心低下其質柔順，不強求不設限，能隨緣應化依環境變化而改變型態。故能順天應人，納百川而成其大，這也是道家「道法自然」的境界。

而行銷的技巧亦同此理，客戶的個性與屬性百百種，光靠一招半式並不足以走遍江湖，必須如水的柔軟度，包容心與多變性才能行銷於無形，讓行銷像呼吸一樣自然。如何達到「道法自然」的境界呢？首先要做到「虛心低下」並站上「幫助客戶」的立場發心，有些業務人員自恃專業高高在上，甚至以「個人利益」爲行銷出發點，只銷售佣獎高的商品而不站在客戶需求立場銷售。如此一來有悖於「上善若水，水利萬物而不爭」的精神，亦無法取得客戶長期的信任，即便能獲一時之業績但絕不可能長久。因爲現代客戶意識抬頭，昧於良心的行銷總有一天會東窗事發，屆時客戶的信任感將蕩然無存，殊不知在競爭激烈的業務市場，成交最重要的關鍵就是「客戶信任」。

成功的行銷必須以「客戶需求」爲導向，透過「虛心低下」與「順其自然」的溝通，來尋求客戶眞正內心的需求。即時面對反對問題處理，亦需秉持此原則來探究客戶拒絕的眞正原因，因爲客戶往往不會把眞正的原因在第一時間說出，也許是不想讓業務人員知道也許是爲雙方保留面子。此時更應「以柔克剛」以「旁敲側擊」的方式找出發掘客戶的眞心，用最短的時間做出反對問題處理，並進一步重新提案「嘗試成交」，才能有效「借力使力」打動客戶順利成交。

筆者在帶領業務團隊時常強調「行銷生活化」，依照行銷的流程「寒暄、開門、切入、成交」步驟，來找話題、找需求、找商品以及找預算。「用輕鬆的話題拉近距離，用旁敲側擊的方式找出需求，用假設成交技巧找出商品，用將心比心角度找出預算。」正如水一般柔和柔順，依循客戶意念找到方向，並隨客戶需求走向終點。讓行銷像呼吸一樣自然，行銷生活化就是行銷於無形，此乃「道法自然」之奧妙精髓。

三、行銷人員的角色——客戶心醫的定位

業務要成功，行銷人員的定位非常重要，很多時候業務的失敗往往在一開始的定位，您在行銷過程中到底扮演何種角色?這是值得我們深思的問題。

有些業務人員的行銷定位類似「宣傳員」的角色，只顧著商品的促銷而忽略了客戶的需求，這樣的行銷模式只會加深行銷的挫折感。另有些業務人員習慣扮演「應和者」角色，見人說人話，見鬼說鬼話，完全沒有自己專業建議人云亦云，這樣也無法幫助客戶做出最正確的規劃。更有一些業務人員扮演著「吸血鬼」角色，以個人利益爲出發點，罔顧客戶需求，專門銷售「高利潤」商品，靠著舌燦蓮花的話術技巧唬弄客戶，甚至一而再再而三的要求客戶加碼。等到客戶發現不對時往往已造成客戶的損失，更重要的業務人員的信譽連帶掃地。殊不知要培養一位新客戶要比經營舊客戶辛苦七倍，千萬不可貪圖近利而破壞大局，以免得不償失。

優秀的行銷人員應扮演「客戶心醫」的角色，行銷人員就像客戶的心理醫生一樣，必須透過「望聞問切」的步驟來瞭解客戶眞正的需求，才能規劃出符合客戶的商品。根據2014年的調查：電銷或客服人員第一次電話約訪客戶時，有62%的客戶沒說眞話，而沒說眞話不一定是說謊，有很大的比例是敷衍，這代表客戶的「信任感」不足。例如：常聽到行銷人員在追蹤客戶時，不論早上、中午或晚上客戶都在忙，就連週休例假日也在忙，這很顯然是敷衍推託之詞。如何拉近客戶距離，建立良好的互動關係並從中找出需求就是重要的課題。

「客戶心醫」的望聞問切手法套用在行銷領域中有許多細膩的技巧，其中要拉近客戶的距離就必須先與客戶「同流」，找出與客戶間的共同點。例如：同鄉、同校、同學、同梯、同業、同事、同文、同種、同好、同遭遇……等，一般來說，北部客戶較爲理性，中部客戶較爲熱情，南部客戶較常以台語溝通，這就是城鄉差距造成的文化差異，所以最簡單的方式就是使用相同的語言，並針對不同地區客戶的屬性調整行銷的技巧。有共同的際遇更容易產生親切感，進而增加客戶「信任感」，而客戶的信任感就是發掘需求的關鍵。

所謂「同流才能交流，交流才能交心，交心才能交易，交易才能交代」，先找出與客戶的共同點才能與客戶交心契合，能當成朋友才有進一步瞭解客戶需求的機會，接著找到客戶需求之後才能「對症下藥」切入適合的商品，最後才完成交易對自己與業績收入有交代。所以「客戶心醫」的行銷定位爲一切行銷的開始，有正確的行銷定位才有好的行銷機會，千萬不可本末倒置，將苦心經營的客戶信任毀於一旦。客戶心醫「望聞問切」的手法與技巧很多，從「寒暄、開門、切入、成交」

的流程中自然而然的找出需求，才能使客戶開心的規劃理財商品。有人說：天底下最難的事就是把我們思想放進客戶的腦袋，再把客戶的錢放進我們（公司）的口袋（帳戶）。客戶心醫的行銷技巧與執行細節，請容筆者於後續章節分享。

第二章 豫則立不豫則廢──行銷前的準備

古人說：「凡事豫則立不豫則廢」。行銷前的準備就好比出征前的籌備一樣，必須先檢視自身的能力是否充足，全身裝配是否齊全。商場如戰場，行銷過程中如有一點閃失就可能導致全軍覆沒，所以更應做足準備。成功的行銷人員必須將軟實力與硬實力結合，不能蠻幹與魯莽行事，所以筆者從分為專業篇與工具篇做說明：

一、專業篇

一位優秀的理專到底需具備哪些專業？當然最基本的就是門票也就是專業證照的取得。一般來說，優秀理專必須具備「全方位」的理財能力，才能協助客戶做整合行銷的規劃。故專業證照至少需具備八張，包括壽險從業人員證照、產險從業人員證照、投資型保單證照、外幣保單證照、信託業務人員證照、投信投顧業務人員、高級證券業務人員以及結構型商品證照。這些都是理專必須具備的基本門票，當然要往更高深的財務規劃領域發展，可再進修考取CFP（Certified Financial Planner）認證理財規劃顧問，或是RFC國際認證財務顧問師等高階財務規劃證照，可提高財務規劃格局，增加客戶投資信任。

除了基本金融專業證照的取得，軟實力與硬實力的提升更是重要，KASH（知識Knowledge、態度Attitude、技巧Skill、習慣Habit）就是非常重要的關鍵Key Point。茲分述如下：

■Knowledge知識

優秀的理財顧問除了商品專業知識外，亦擁有更廣泛地學習領域。常見銀行在培養VIP理專時，會特別規劃品酒課程、高爾夫球課程、國際禮儀課程、國際標準舞課程、音樂藝術欣賞課程、談判技巧課程以及溝通技巧課程等，目的是希望理專能具備多元化的知識，以應付不同類型的客戶。

所謂「知己知彼，百戰不殆」，一般金字塔頂端的客戶，所接觸的大多是精品、名車，聊的都是上流社會的議題，休閒活動皆是高爾夫球、遊艇、出國旅遊、品酒交際等高端活動。理專想要進一步與他們接觸，必須先對這些活動有基本的認識，才能有效打進高端社交圈。這些學校不一定有教的知識，就必須靠社會大學的歷練與自我學習的提升。理專懂得愈多，代表愈能經營VIP客戶，發揮客戶心醫「同流才能交流，交流才能交心，交心才能交易，交易才能交代」的能力與技巧，方能打動客戶順利成交。

■Attitude態度

成功的業務必須要有積極的態度，不論是開發客戶，行銷客戶或是經營客戶都必須展現積極進取的企圖心，讓客戶感受到我們的眞誠與努力，所以行銷3.0的境界又稱作「感性行銷」、「感動行銷」。

在業務線上要超越對手，加倍努力是不可或缺的條件。例如：一般理專一天可與二個客戶談case，積極的理專可有效增加工作量一天找五個客戶談理財規劃，一個月下來可多談60件case，一年下來可多談720件case。假設平均談十位客戶能成交一件理財商品，一年下來就多了72件業績，日積月累，爲數相當可觀。由此可見業績的好壞與工作態度明顯成正比，也決定了理專的成就與收入。

業務學習的態度亦是如此，根據筆者帶領業務團隊十多年的經驗，建立「學習型組織」非常重要。有人說：「業務最快的成功方法，就是copy績優人員的成功方程式。」而業務團隊的態度以氛圍的建立爲始，因爲「氛圍會影響觀念，觀念會影響態度，態度會影響行爲，行爲會影響成就」，環環相扣造就工作成就。懂得不斷學習成長的理專，必定能在業務上出類拔萃。回想筆者從開始工作到現在，投資在課程學習，交流切磋與國際證照取得已花費百萬以上，至今仍感不足需時時充實自己，證明人生總是學無止盡的。

■Skill技巧

業務的技巧分爲「專業技巧」與「實戰技巧」，就好比「硬實力」必須結合

「軟實力」方能成為「巧實力」。專業技巧主要是指與商品解說，財稅專業與行銷的基本技能，在銀行內部訓練中不定期會安排，以充實理專專業技巧。

光靠專業技巧是不足以創造佳績，在高績效的業務經營中「實戰技巧」扮演更重要的角色。許多理專初期是以copy Top Sales的方式學習，但優秀的理專都有其特色或特質，其實並不適用於每個人。光是與客戶交談的語調就大不相同，有人說話快得像機關槍似的，有人卻像個慢郎中。有人的聲音如黃鶯出谷，有人的聲音聲如洪鐘，也有人的聲音是沙啞磁性。實戰技巧沒有絕對，只有適不適合的問題，所以找到適合自己的行銷方式才是最重要的課題，聲音的技巧請容後續章節介紹。

實戰技巧中很重要的是「識人力」、「觀察力」與「反應力」，業務線上時間就是金錢，能在最短的時間判斷客戶的需求就是高手。業務新手在行銷的過程中時常抱持「既期待又怕受傷害」的心情，客戶一個善意的謊言就如獲至寶，耗盡心力終究無法成交。沒談成case事小，業務士氣傷害甚大。殊不知「業務靠士氣，組織靠人氣」，過多的士氣打擊將造成人員的流動，故培養實戰技巧的「識人力」與「觀察力」就非常重要。

「識人術」是一門實戰的高深學問，自古以來有許多專家學者甚至帝王皆在鑽研此術，各門各派不勝枚舉。孫子兵法有云「知己知彼，百戰不殆」，就是告訴我們知人善任的重要。筆者十幾年的行銷經驗，深覺「第一印象」與「黃金30秒」的重要，業務上最簡易的方式就是從客戶的聲音語調、談話內容、外觀形貌（手相、面相、體相、動作、五行），反應動作來判斷屬性與想法，更深入可從客戶命理角度更深入瞭解客戶個性，常見的有姓名學、星座、血型、紫微、八字、生命靈數等，能掌握客戶屬性便能掌握客戶需求，進而制敵機先行銷於無形，這是成功行銷的重要技巧。現行理專常用星座，血型與外貌來判斷客戶屬性，本書後續將分享更專業精準的「DISC觀人術」與「五行觀人術」，結合西方的思維與東方的智慧，讓行銷的層次加倍提升。

在行銷的過程中「反應力」亦是非常重要，「識人力」能察覺客戶屬性，而「反應力」能見招拆招打動客戶，是成功行銷的利器。尤其我們常常可從客戶的表情，動作與談話內容中找出「弦外之音」，適時地切入需求完成行銷。行銷的四大流程「寒暄、開門、切入、成交」無不是在嘗試找出行銷機會，「寒暄」要找

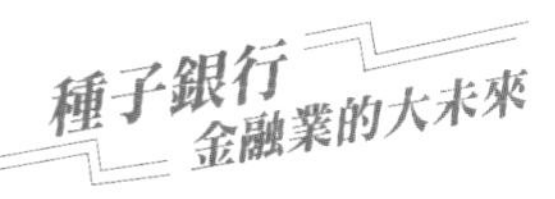

話題，「開門」要找需求，「切入」要找商品，「成交」要找預算。透過「識人力」、「觀察力」與「反應力」能建立一套完整且有效的行銷流程與技巧，本書後續將介紹筆者獨創的「FAGC異議處理技巧」，結合消費者心理學，引導式銷售與行銷實戰技巧，有效大幅提升成交率，請容後續分述。

■Habit習慣

KASH中知識、態度、技巧都具備後，更重要的是持續力也就是行銷習慣的養成。常見業務新手初學時興致高昂，半年後變得興致缺缺、士氣低落，導致挫折連連，其實這都是息息相關的。一個人在低迷狀態下是無法打動客戶的，因爲客戶只喜歡「熱忱與微笑」的業務員，所以養成良好的「行銷習慣」就是KASH中最後也是最關鍵的因素。

在業務團隊中建立良好的「行銷習慣」是最重要的課題，其中最重要關鍵的就是「以身作則」。筆者帶領業務團隊十幾年，時常提醒團隊成員「假如主管每天睡到自然醒，組員一定睡到不會醒」，這是心理層面的議題。同樣的道理，「理專每天睡到自然醒，客戶一定睡到不會醒」。這說明了行銷習慣最重要的關鍵在於「堅持」，從行銷前的準備到行銷流程的執行，皆需戰戰兢兢認眞以對，並且能堅定信念堅持到底，因爲成功除了屬於準備好的人更是會屬於堅持到底的人。

「高績效團隊靠管理，超高績效團隊靠激勵」，業務團隊的成功需先建立有效的管理機制，將行銷KASH標準化，建立SOP制度。管理制度的建立初期是辛苦的，必須先建立人員的共識與信心，打破過去不良的銷售習慣，筆者稱作「破壞式創新」。當管理機制建立且落實後，整體績效自然上升邁向生命週期中的「成長期」。但人終究並非機器，長期高壓的管理必會產生人員彈性疲乏，導致績效略爲衰退，此時將由生命週期中的「成熟期」轉換爲「衰退期」。

那麼如何重新打造突破以往的超高績效團隊呢?筆者建議從「心」出發由「激勵」著手。業務人員長期處於高競爭、高壓力、高工時的三高狀態，心情容易緊繃與憂慮。若長期以嚴謹的管理機制與高目標的要求，遲早會面臨「崩盤」的狀況，嚴重的話將造成人員的流失。想要打造超高績效的團隊，就必須善用「激勵」技巧，在「種子銀行」的架構中種子講師也扮演「激勵大師」的角色。激勵的方式有很多種，筆者分爲「有形激勵」與「無形激勵」二種。

常見的「有形激勵」像是獎勵金、獎牌、獎座、獎盃、獎勵品與獎勵旅遊，透過獎勵方案的執行激勵業務人員努力挑戰高目標。此種激勵方式能激發Top Sales衝刺業績，但需花費較多的預算，且金字塔底層的業務人員因預期達不到目標仍無法獲得激勵效果。

另一種方式屬於「無形激勵」，專家提到人的潛能有70%尚未開發，一旦開發將是潛力無限。常見的方式像是教育訓練、心靈提升、輔導關懷與激發士氣等，透過心靈的提升與士氣的強化達到激發潛能的效果。此種激勵方式花費較少但需由具備專業技巧的講師或主管執行，短期不一定見效但長期執行能帶動業務士氣，讓業績再創新高。所以在「種子銀行」的架構中，規劃由「種子講師」來擔任培訓與激勵的角色，從「新」招募，從「心」出發，在新進培育初期便先建立信心、激發士氣。

二、工具篇

古人說：「工欲善其事，必先利其器。」想要在業務上攻無不克，戰無不勝，必須先擁有有效的行銷工具。常用的行銷工具分爲硬體與軟體，一般來說硬體屬於行銷的「裝備」，在科技日新月異下從傳統商品DM、建議書到現在常用的筆記型電腦、I-Pad平板電腦及手機APP等，這些都屬於基本工具。Bank 3.0時代銀行許多業務都可透過網路交易，例如：存匯款與帳戶查詢、信用卡業務、繳費作業以及基金下單等，透過手機APP也可申請信用卡、小額信貸與房貸，且網路申請與審核效率加倍，未來將逐更廣爲推廣使用。

凡能協助行銷的利器都是工作，行銷的軟體工具包括專業的報導、專家的意見、技術線圖、投研報告與事件新聞等。例如：在基金的行銷，我們可從總經面（總體經濟環境）、技術面（技術分析、技術線圖）、消息面（市場相關報導）、政治面（政府態度與財稅政策）、基本面（產業或標的物基本結構）分析，再評估客戶的籌碼面（資產配置方式）達到投資理財的最適分配。

在金融環境中的高低起伏往往受到「政治面」與「心理面」的影響很深，不論是股市或基金都是一樣，投資人習慣透過不同方式評估預測大盤走勢，再決定是該逢低買進還是獲利了結，這就是最常看到的心理層面影響。但有時專家學者或企業大老的「信心喊話」也能影響趨勢走向，而外資法人的動向也會影響大盤走勢。另「政治面」的影響更是無遠弗屆，常見各國QE寬鬆政策，央行的貨幣政策，財政措施與政府經濟建設方案的執行影響的層面更廣，例如：剛結束的美國QE以及目前正在執行的歐洲QE政策都能有效刺激經濟的活絡，中國大陸近期提出的「一帶一路」與「亞投行」政策，搭配2016年即將實施的「十三五計劃」，更顯示出積極走出國際，大幅提升國際地位的決心，故人民幣基金、上證或人民幣定存都是近期火紅的投資理財商品。所以必須藉由總經面、技術面、消息面、政治面、基本面與客戶的籌碼面，不同層面的整合評估才能找出最佳投資方案，這也是理專最重要的價值。

善用軟硬體工具協助行銷，可更精準抓住投資趨勢，增加客戶的信度，提升銷售成功的機會。若能再結合「電銷＋面銷」技巧與「FAGC異議處理」技巧，更能相輔相乘、相得益彰，讓理專在行銷的過程中無往不利。這正是本書推出的目的，相關實戰技巧請容於後續章節分享。

第三章

電銷密技——黃金30秒開場心法

業務成交的關鍵在於取得客戶信心，而客戶信心的建立往往在於「第一印象」，不論是電銷或是面銷，「黃金30秒」就是關鍵時刻。根據經驗客戶在雙方尚不熟悉的狀況下，常常以「貌」取人，不論形貌或是音貌都是決定是否繼續談下去的關鍵。

想要掌握「黃金30秒」的關鍵取得客戶信任，使用強而有力的開場技巧就能引導客戶進入我們預設的情境，並能有效激發客戶聽下去的興趣，這就是「引導式銷售」的精髓。筆者將十幾年的行銷經驗萃取成「打動客戶的開場技巧」、「開場常見的五種拒絕」以及「保持通話的五大祕訣」三個主題，能協助業務人員把握黃金

30秒的關鍵時刻，成功激發客戶興趣，引導至後續的行銷流程。惟「師父領進門，修行在個人」，本書所提乃行銷技巧之精華，後續仍須藉由實戰經驗的累積提升成效，打造屬於自己獨樹一格的行銷模式，這才是業務人員的價值所在。茲分述如下：

一、打動客戶的開場技巧

在現今金融業競爭激烈的環境下，客戶也會擔心受到行銷人員的打擾，故在接電話時直覺就起了防備心。想要在黃金30秒內激發客戶興趣，就必須提出「強而有力」的論點，以及使用「引人入勝」的詞彙來吸引客戶繼續聽下去，這就是開場最重要的關鍵。常用的開場範例如下：

■好康消息

人的潛意識中總是喜歡聽到「利多」的訊息，所以在聯繫客戶的開頭就要讓客戶知道是「好康消息」或「超級大利多」訊息的通知，激發客戶繼續聽下去的興趣。示範案例如下：

陳大哥您好，我是○○銀行的服務專員林秉葦，因為您是我們銀行常往來貴賓，○○銀行針對這次篩選出來的貴賓提供一檔好康的優惠專案。只要您在月底前參加基金定期定額專案，就可享有手續費終身三折的優惠，您不覺得很棒嗎？……

■加碼優惠

「加碼」是客戶最喜歡聽的字眼之一，往往聽到加碼優惠後會想要繼續聽下去。優質的加碼話術需搭配「幅度」或「比例」，才能突顯加碼的價值。示範案例如下：

陳大哥您好，我是○○銀行的服務專員林秉葦，因為您是本行存款往來貴賓，○○銀行這次針對挑選出來的貴賓提供人民幣定存超級加碼活動。一般人民幣六個月定存利率約1.8%，這次超級加碼活動的利率為4%，是原利率的2.2倍呢，現在參加買到賺到（心動不如馬上行動）……

■貴賓專屬

客戶心理總是會期待「尊榮待遇」，要塑造「尊榮待遇」感受就必須強調「貴賓專屬」的優惠專案，以強化客戶對專案內容的興趣。示範案例如下：

陳大哥您好，我是○○銀行的服務專員林秉葦，因為您是本行從百萬客戶中挑選出來的貴賓，針對這次專案的貴賓○○銀行特別推出基金優惠專案，只要您於專案截止日前參加單筆或定期定額或定期不定額基金專案，即可享有終身手續費三折的優惠，只要這波通知到的貴賓才有的好康喔……

■VIP限定

VIP客戶是每家銀行競相爭取的貴賓，一般分為黃金VIP（300萬）、白金VIP（1000萬）以及鑽石VIP（3000萬以上）。而行銷VIP客戶的關鍵，就在於塑造頂級尊榮價值，大部份常見的附加價值爲機場接送、機場貴賓室、手續費減免、保費優惠與櫃檯專屬服務等，或時其他商品專案優惠。示範案例如下：

陳大哥您好，我是○○銀行的服務專員林秉葦，因為您是本行最重視的VIP客戶，我們這次為了回饋VIP客戶，在基金手續費部分提供空前的優惠，只要您於專案截止日前參加單筆或定期定額或定期不定額基金專案，即可享有終身手續費三折的優惠，並提供免費的專業理財諮詢服務，我也是第一次聽到這麼好康的優惠唷……

■限時限量

所謂「飢渴行銷」談的就是讓客戶感受到不得不下手的情境，在行銷的實務中常用的就是「限時限量」的方式來刺激客戶購買意願，這種技巧當然也能套用在電話約訪話術中。示範案例如下：

陳大哥您好，我是○○銀行的服務專員林秉葦，因為您是我們銀行的優質卡友，針對這次從百萬卡友中挑選出來的貴賓，提供六個月美元定存1%的優惠專案。美元是全球最強勢的貨幣之一，一般六個月的美元專案利率僅約0.5%，我們銀行這次大手筆足足有二倍之多，專案活動月底就要結束了，只有通知到的客戶才有喔……

■搶手商品，買到賺到

凡是人都有「從眾心理」，常在逛街的時候看到某個攤位聚集很多人或是排隊伍很長，自然而然就會想要一窺究竟。在電話約訪的技巧中同樣也可以塑造「搶手商品」的熱銷效益，讓客戶感受到買到賺到、不買可惜。示範案例如下：

陳大哥您好，我是〇〇銀行的服務專員林秉葦，因為您是我們常往來的存款貴賓，〇〇銀行針對這次挑選出來的客戶提供一檔最火紅的退休規劃專案。這個專案只要繳費四年，第二年之後年年可領，活得愈久領得愈多，就好像提早幫自己準備一個終身俸一樣。這可是目前市場上賣得最好的搶手商品，買到賺到不參加可惜……

■加碼進場好時機

基金的客戶總是會在意是否是好的時機點，何時該「逢低買進」？何時該「獲利了結」？永遠都是內心的拉鋸。因此，從不同層面（總經面、技術面、消息面、政治面、基本面、籌碼面）來強化客戶的投資信心，加上優惠活動的加持，能有效達到邀約客戶目的。示範案例如下：

陳大哥您好，我是○○銀行的服務專員林秉葦，因為您是我們銀行常往來的優質客戶，針對這次挑選出來的客戶，○○銀行提供單筆或定期定額或定期不定額基金手續費終身三折的超級優惠，並提供免費的專業理財諮詢服務，這麼好康的優惠真羨慕您有機會享有呢！近期中國因為經濟寬鬆政策導致熱錢流竄，加上「亞投行」的成立與「一帶一路」政策的進行，前景相當看好，現在正是加碼進場的好時機喔……

除了強而有力的開場，在與客戶的溝通中可適度加入「加強版」用語，增加客戶興趣，強化後續行銷的意願。例如：

■從沒聽過這樣的好康消息

林小姐您好，○○銀行針對這次特別挑選出來的貴賓提供基金單筆或定期定額或定期不定額手續費三折的超級優惠，我從沒聽過這樣的好康消息，您不覺得很讚嗎……

■這麼好康我自己都嚇了一跳

林小姐您好，○○銀行這次的貴賓專案六個月人民幣定存一般客戶是1.6%，而VIP客戶享有3.2%，足足是二倍的優惠呢，這麼好康我自己都嚇了一跳……

■連我都沒法參加

林小姐您好，○○銀行這次的貴賓專案，僅針對VIP客戶才有的超值專案，可享有基金手續費三折的超級優惠，連我是行員都無法參加，真的很羨慕你呢……

■第一次看到這麼優惠的專案

林小姐您好，○○銀行這次的貴賓專案，六個月人民幣定存利率高達4%，這是我第一次看到這麼優惠的專案，只有通知到的客戶才有唷，您不覺得很讚嗎……

■好多客戶喜歡，錯過可惜

林小姐您好，○○銀行這次的貴賓專案是美元計價，只要繳費四年，期滿之後年年領錢，就像提早為自己準備一個終生俸一樣，活得愈就領的愈多，好多客戶喜歡，錯過可惜……

■親自接待，免等免排

林小姐您好，○○銀行這次的貴賓專案只有VIP客戶才能享有，因為我是您專屬的理財顧問，想邀請您來分行喝杯咖啡吃下午茶，我會親自接待，您不用抽號碼牌免等免排隊，我當面跟您說明會比較清楚……

二、開場常見的五種拒絕

業務人員在電話約訪的初期最擔心遇到客戶拒絕，心理素質不足的業務人員很容易情緒被客戶牽著走，殊不知人與人的溝通必須磁場契合，負面聲音的磁場將會造成下一位客戶的不舒服。

電話約訪的黃金時間會隨著各行各業以及客戶屬性有所不同，切勿在不適合的時段打擾到客戶。例如：早上九點為一般公司早會的時間，而客戶休息的時段也不宜打擾。原則上金管會規定的電銷時段為每日上午九時至下午九時，若不細分職業整體而論，電話約訪的黃金時段為上午十時至十二時，下午為二時至五時。經實務上的統計，電話約訪常見五種拒絕理由如下：

■我在忙，現在沒空

在電話約訪中最常遇到的就是客戶表示「在忙，沒空」，曾經有位理專早上十點鐘打給客戶，客戶表示在開車沒空，中午十二點致電客戶還是在開車，下午五點在與客戶聯繫還是在開車。到底開什麼車需要從早到晚？合理的判斷就是客戶在敷衍與婉拒。

同樣類型的狀況還有客戶常會表示「正在開會，沒空」、「現在很忙，不方便」或是「現在不方便講電話」等，這當中有些是眞的客戶在忙，但也有一部分是客戶拒絕的理由，主要的原因在於認識不深以致於「不信任」。若要取得繼續談話的機會就必須先取得客戶的信任，最好的方式就是把握「黃金30秒」激發客戶興趣。

■不需要，沒興趣

現今業務環境競爭非常激烈，不只是金融業採用電銷通路，就連生技業、出版業、補習業、文教業與汽車業等都會使用電銷方式，因爲電銷通路能在短時間大量接觸準客戶。所以客戶往往不勝其擾，只要接到不相干產業電話，即使商品再好直覺反應就是「不需要，沒興趣」。

常見理專在電話約訪的開場白「落落長」，不待下一句客戶就先打退堂鼓了。或是尚未激發客戶興趣就直接切入商品，連客戶需求都還沒找到，就想要單刀直入準備成交，那是不可能的事。例如：陳先生您好，我是○○銀行的理財顧問林秉葦，○○銀行這次推出的年金險專案每年只要繳費十萬元，期滿之後每年可領保額的10%直到終身……。像這樣尚未找出客戶需求就直接導入商品的方式，客戶很容易就回答「不需要，沒興趣」，可見電話約訪的開場白，「激發興趣」就是最重要的關鍵。

■寄資料就好

常見的拒絕中客戶也非常習慣脫口而出「資料寄給我就好」，如果寄資料過去客戶會認眞看那是再好不過，但客戶眞的是因爲想先看資料嗎？其實這也是客戶常常敷衍或拒絕的理由。

依據「溝通漏斗原理」，我們腦中100%想傳達的訊息依照每個人的表達能力不同平均80%可從口中說出，而說出的內容因每個人耳朵接收的能力不同平均60%訊息被接收，接收的訊息又因每個人的理解能力不同僅有40%聽懂，但若連續三天不去理會就僅剩20%的記憶。

所以電話約訪中「講重點」與「勤跟催」就非常重要，即便是客戶說寄資料就好，也能在短短的黃金30秒鐘告訴客戶這個優質專案只有二個重點，把最重要的好康優惠重點式告訴客戶，往往也能激發客戶興趣爭取到說明的機會。假若客戶堅持要看商品DM，也可以再寄出之後與客戶確認是否有收到，並再次向客戶說明專案內容。

■他不在

另一種常見的拒絕方式就是直接回答「他不在」，業務人員在電話約訪實務中常在開場白結束後，客戶不是說「有什麼事嗎？」就是「他不在耶」，這有可能是同事、朋友或家人代接的電話，也有可能是客戶的拒絕話術。

一般的業務人員聽到電話那頭表示客戶不在時，往往僅表示「下次再打」或乾脆先放棄。積極的業務人員則會進一步詢問客戶回來的時間或方便接電話的時間，確保能與客戶親自對談。電話約訪的大忌就是透過第三人傳話，因爲對方會不會眞心協助傳話，以及是否忠實轉達皆是不可控制之因素，故以「客戶個人權益通知」爲訴求是最好的方式。正確的溝通技巧如下：您好，因爲○○銀行針對林先生有個人權益通知，想親自通知林先生本人，不知道林先生什麼時間比較方便……。電話約訪的祕訣就是務必要通知到本人。

■已經有固定的服務專員

在電話約訪的過程中時而遇到客戶直接表示「已經有固定的服務專員」，其箇中含義就是「不需要，不要再打擾我」，目的是希望業務人員知難而退。

普通的業務人員遇到這樣的狀況，一想到已經有人服務常會打退堂鼓。但優秀的業務人員不會輕易被嚇到，反而會「借力使力」進一步詢問服務狀況，了解之前所做的財務配置，尋求可切入之機會。行銷的重點在於「多問」，善用問題瞭解客戶的屬性與需求，方能找出客戶有興趣的切入點。即便是已經有人服務，也能在詢問的過程中找出服務的盲點，以及理財規劃的缺口。而我們所扮演的角色就必須從銷售商品的「理財專員」，升級成全方位財務規劃與資產配置的「財務顧問」，因爲高價值才會創造高價格。

三、保持通話的五大祕訣

電話約訪最擔心的就是客戶拒絕，一般的業務人員在遇到客戶拒絕時往往心情低落就放棄了，但優秀的業務人員卻能借力使力，夠過「問題諮詢」方式重新找到商機。

坊間「SPIN」銷售技巧、「NLP」神經語言學、「顧問式行銷」技巧或是「催眠式銷售」技巧皆是依此原理。筆者整理上述專業的銷售精髓，研發出「引導式約訪」及「引導式銷售」技巧，能有效引導客戶進入預設的情境激發興趣，追隨客戶反對問題轉化爲符合需求的議題。筆者獨創的FAGC反對問題處理技巧將於本書後續介紹，先針對開場常見的拒絕問題提出保持通話的五大祕訣。

■能激發興趣的開場

在電話約訪的流程中，黃金30秒通常就決定客戶是否願意繼續聽下去。開場一定要清楚讓客戶知道我們是哪家公司哪位服務人員，切勿呼嚨帶過反而會造成客戶不信任，所以簡潔有力的開場介紹較容易取得客戶信任，讓客戶願意繼續聽下去。

再來必須使用「簡短有力」的字眼吸引客戶的注意，例如：加碼活動、特別優惠、貴賓專屬、超級好康、限期活動、特別回饋、權益通知……等。依照「消費者心理」理論，客戶在聽到對自己有利、能撿便宜或專屬權益等字眼，能夠激發興趣想要進一步瞭解詳盡內容，這就是開場必須掌握的關鍵。透過這些字眼引起客戶興趣，再引導客戶走向後續的約訪流程，達成電話約訪的目的。

■提出二至三個重點精華

在素未謀面的電話約訪中，客戶往往沒耐心聽完商品介紹。因此除了「簡短有力」的開場外，必須告訴客戶：這個專案只有三個重點（通常最多三個重點，否則容易失焦），把最強的優勢先讓客戶知情，吸引客戶深入了解專案內容，這也是「催眠式銷售」的技法之一。

客戶在接收到「只有三個重點」時，通常心中會產生「應該很快，聽聽也無妨」的心理，基於預期不會被打擾的心理會先聽完這三個重點再決定是否要深入了解專案內容。而業務人員必須把最強的商品優勢「重點式」向客戶說明，當客戶產生興趣時便能引導客戶深入瞭解商品內容，這就是「引導式銷售」的心法。

■詢問客戶是否方便說話

爲避免客戶在電話約訪一開始就以「我在忙」或「現在不方便說話」做爲拒絕理由，通常在開場白結束後會加一句「請問您現在方便說話嗎？」先確認客戶是否方便通話，也避免客戶以此做爲拒絕理由。換句話說，當客戶表示方便說話或同意我們繼續說下去時，便無法自打嘴巴拒絕聆聽。此時業務人員應把握電話約訪技巧激發客戶興趣，引導客戶更深入瞭解商品專案內容。

當客戶說：「沒關係，請問有什麼事嗎？」這時我們就能夠順勢帶入優惠專案話術，激發客戶興趣並引導進入更深層的專案內容。先把客戶可能會產生的反對問題處理，後續便能爭取更多與客戶交談的機會，再利用激發興趣的技巧引導客戶更深入了解專案內容，這是「化被動爲主動」的引導式約訪技巧。

■確認客戶方便聯繫的時間

在電話約訪的過程中，難免會遇到客戶不方便或不在場的時候，最佳處理原則是「不與本人以外之人談專案內容」，另外必須「確認客戶能接觸的時間」。

客戶邀約訊息經由其他人的轉答，通常是沒有下文或訊息傳遞失眞，所以應直接與客戶本人交談。若遇到客戶不在場時，通常會用「銀行專案訊息須通知客戶本人」方式處理，進一步確認客戶方便聯繫的時間，以利後續與客戶本人約訪。

■先寄資料再勤跟催

當客戶表示沒興趣、不需要或是對專案不了解時，爲了留下下次約訪的機會，以及讓客戶更清楚專案內容，通常會以先寄資料方式再行跟催。所以可以告訴客戶：陳先生您好，不然這樣好了，我先寄資料給您參考，您看過之後我再向您說明。以此方式讓客戶暫時不排斥，但又能預留下次約訪說明的機會。

資料寄給客戶之後，別忘了要再聯繫客戶確認是否有收到，並爭取進一步說明的機會。當然有部分的客戶會說「沒收到」，這只是一個拒絕的理由，我們可以說：陳先生沒關係我再寄一次（再次確認E-Mail信箱及地址），其實這個優惠專案有二大好康（藉由商品優勢再次激發客戶興趣），然後在客戶爲拒絕下繼續說下去，這就是先寄資料再勤跟催的技巧。

第四章

電銷密技——引導式約訪十大心法

在電話行銷的領域中，開場的激發興趣非常重要，假如開場只有商品的介紹很容易就造成客戶直接拒絕。例如：

理專：張先生您好，這裡是○○銀行，我是您專屬的服務人員林秉葦，○○銀行這次推出的保險專案只要繳費六年，期滿之後每年都有保額20%的年金可領，請問您有興趣嗎？

客戶：謝謝，我不需要……

像這樣的開門見山的開場就容易遭到客戶直接了當的拒絕，所以必須使用「引導式約訪」的技巧，透過激發興趣的開場吸引客戶進一步瞭解專案商品的內容，從中找出客戶需求再切入成交。

第一次電話約訪客戶，由於素未謀面缺乏信任基礎，若無法在第一時間吸引客戶注意，恐怕就失去進一步介紹商品的機會。「引導式約訪」的技巧在於電話約訪開場時即把握「黃金30秒」打動客戶，其關鍵在於善用數字的魔力讓客戶感受到「利益極大化，費用極小化」。掌握人性便能掌握人心，讓行銷生活化，約訪就像「呼吸一樣自然」。筆者依據十幾年的行銷經驗，提供十大電話約訪心法如下：

一、優惠強調法

依照消費者心理，客戶對於「優惠」字眼相對的有吸引力，與其直接介紹商品內容，不如先吸引客戶注意再深入介紹效果更佳。尤其在「催眠式銷售」中習慣使用「暗示性」字眼，激發客戶興趣，並引導客戶卸下心防進入預設的情境。常用的優惠強調法如下：

◎陳大哥您好，因為您是○○銀行的優質客戶，所以本行特別提供六個月人民幣定存優惠活動。一般客戶僅有0.6%但通知到的貴賓高達3.2%足足有二倍之多呢……

◎林小姐您好，因為您是◯◯銀行的VIP客戶，針對VIP貴賓本行提供基金手續費終身三折的超級優惠，不論單筆或定期定額或定期不定額都適用，連我們是行員都無法參加，您不覺得很讚嗎……

◎林先生您好，因為您是◯◯銀行從百萬卡友中挑選出來的優質貴賓，針對這次挑選出來的貴賓，本行提供一檔專屬的退休規劃專案。只要繳費六年，第二年起每年都可領取退休金，活得愈久領得愈多，就好像提早幫自己準備退休金一樣，只有通知到的客戶才有喔，您不覺得很棒嗎……

二、利益極大法

「引導式約訪」的心法中，「催眠式的銷售」技巧非常重要，能引導客戶進入我們預設的情境，讓客戶在不知不覺中成交。在商品銷售過程中客戶最擔心的就是花冤枉錢，所以在電話約訪流程強調「利益極大化」，刺激客戶對商品的興趣，才能順利介紹商品內容。

例如保險商品的銷售，一般業務人員會擔心客戶覺得負擔太重，所以在舉例的時候習慣用最低保費訴求，反而會讓客戶覺得吸引力不足。若能在舉例時以「利益極大法」激發客戶興趣，可收到比較好的效果，像是期滿可領保險金100萬元與可領保險金10萬元，給客戶的感覺就完全不同，自然會得到不同的結果。此法適用於各類金融商品，常見的說法有：

◎陳大哥您好，因為您是○○銀行的優質客戶，所以我們銀行有一檔貴賓專屬的理財專案要通知您，這個專案只要繳費六年，期滿之後年年可領年金三十萬元，活得愈久領得愈多，就好像提早幫自己準備退休金一樣，您不覺得很讚嗎……

◎林小姐您好，因為您是○○銀行的VIP客戶，我們銀行有一檔VIP貴賓專屬退休規劃專案，這個專案只要繳費十年，期滿之後直接給您一筆一千萬的退休金，讓您可以環遊世界退休生活輕鬆愜意，心動不如馬上行動……

◎陳大哥您好，因為您是○○銀行的優質客戶，所以我們銀行有一檔人民幣加碼專案要通知您。一般客戶六個月的人民幣定存利率是1.6%，而我們通知到的貴賓卻高達3.2%，足足是二倍之多，假設您放了100萬人民幣進來這個利潤真的非常可觀呢……

三、費用極小法

相對於利益極大化的技巧就是「費用極小化」，消費者心理總是盤算著如何以最少的預算換取最大的利益。尤其在金融業競爭激烈的環境，各家銀行商品差異性不大，成本精算控管也都是「羊毛出在羊身上」，只有使用「費用極小化」的方式才能讓客戶覺得「物超所值」。

對於客戶來說貸款類的消金產品是由銀行提供資金給客戶，但保險類的商品卻是要客戶先拿出一大筆錢放在未來的「願景」。二者形態的不同自然帶給客戶不同的感受，畢竟要客戶先拿辛苦錢去規劃暫時看不到的「未來」是一件艱難的工作。有句話說「世界上最難的事就是把我們的思想放到客戶的腦袋，再把客戶的錢放進我們的口袋」正是這個道理，所以必須使用「費用極小化」的技巧，讓客戶感受到「零存整付」的輕鬆負擔與未來願景，才能激發興趣打動客戶。

例如保險商品的保費，常見從年繳數萬元至數百萬元不等，客戶只要想到年度繳交保費時總是心痛。所以我們可將年繳保費細分為月繳，這樣感覺起來每次繳費只要負擔1/12會輕鬆許多。另一種常見的比擬方式就是「以日計費」，將每年費用轉化為每日費用，會讓客戶覺得每天省一點錢可立即擁有（生效）。像是年繳三萬六千元的保費，其實每天僅付不到100元，一天少喝一杯咖啡就能輕鬆擁有。這件信用貸款的手續費9000元，其實一天只要24元，每天少喝一杯飲料真的負擔輕鬆……等。常用案例如下：

◎陳大哥您好，因為您是◯◯銀行的優質客戶，我們銀行提供的儲蓄險專案能讓您退休生活無後顧之憂。每年只要繳交四萬八千元，期滿之後可先領一筆百萬的退休金，換算下來一天只要少喝一杯咖啡就能輕鬆擁有，是最符合您的規劃，您不覺得很棒嗎……

◎林小姐您好，因為您是◯◯銀行的優質客戶，這次推出的低保費高保障意外險專案，年繳保費一萬八千元，平均每天只要五十元的銅板價即可輕鬆擁有，心動不如趕快行動……

◎陳大哥您好，因為您是○○銀行的優質客戶，陳大哥您好，因為您是○○銀行的優質客戶，這次的超值優惠房貸專案只有通知到的貴賓才能參加，一個月本息攤還只要一萬八千元，平均一天600元就能讓您輕鬆買房，買樂透都不止這些錢，更重要的是您不覺得擁有自己的家是一件很幸福的事嗎……

四、限時限量法

談判技巧中常用的方式就是掌握「時間」的壓力，例如採購經理在採購期限結束時，滿手的資金籌碼也將隨時間的壓力大幅減低。善用時間籌碼的人終究能掌握談判的勝負，而「限時限量」法是最常使用的技巧，能讓客戶感受到時間的壓力進而快速做決定。

就百貨、連零售連鎖業的銷售也經常使用「限時限量」的方式促銷，例如百貨公司每年都有「週年慶」、「VIP之夜」等促銷活動，每每總是吸引大批搶便宜的人潮，帶來龐大的收益，也是年度業務經營的指標。超商大戰更常舉辦限時限量促銷活動，像是現煮咖啡第二杯半價限期一個月，或是點數兌換贈品送完爲止……

等。當然在金融業也常會有類似的促銷活動，目的希望引起客戶搶購風潮刺激買氣，常用的方式如下：

◎陳大哥您好，因為您是○○銀行的優質客戶，我們銀行針對這次挑選出的貴賓提供基金手續費終身三折的優惠，不論單筆或定期定額或定期不定額都能享有，優惠活動僅到本月底止，我第一次看到這麼好的優惠，您不覺得很讚嗎……

◎林小姐您好，因為您是○○銀行的優質客戶，只要您於本月底前申辦現金回饋御璽卡並刷卡消費一千元以上即可參加抽獎，刷得愈多中獎機率愈大，最大獎是夏威夷來回機票呢！您不覺得機會難得嗎？心動不如趕快行動……

◎陳大哥您好，因為您是○○銀行的優質卡友，這次○○銀行針對從百萬卡有中挑選出來的貴賓提供外幣定存超值加碼活動。一般客戶六個月美金定存利率0.4%，我們直接加碼到0.8%。人民幣六個月定存1.6%，我們直接升級到3.2%。這個超值好康活動只有通知到的客戶才有，且活動期間到本月底就截止，限期優惠、要搶要快喔……。

五、飢渴行銷法

消費者心理總是認爲「物以稀爲貴」，欲得不到的或愈多人想要的就愈想得到。所以房仲業常主打「稀有物件」，目的就是希望以「飢渴行銷」的方式增加客戶的急迫感，幫助客戶即早下決定。

在一般零售連鎖業也常運用「飢渴行銷」的手法，常遇到朋友抱怨好不容易集滿超商點數，乘興而去卻敗興而歸，原因是想換的贈品缺貨需再等待一段時間。仔細想想，這樣的贈品眞的那麼容易缺貨嗎？還是超商塑造出「飢渴行銷」的效應？說眞的，消費者心理可眞是愈得不到的愈是珍惜，所以才會有這麼多人參與集點數活動。有時候看到一些品牌餐廳位子不多，寧可讓客人大排長龍，這也是想藉由「飢渴行銷」創造品牌知名度。金融商品的行銷也可使用這樣的技巧，常見的用法如下：

◎陳大哥您好，因為您是〇〇銀行的優質的卡友，這次從百萬卡友中挑選出來的貴賓，〇〇銀行提供人民幣六個月定存超級加碼活動，一般客戶利率僅1.6%但這次提供的專案高達3.2%足足是二倍之多，只要通知到的貴賓才能享有，活動期間到月底截止，不知您明天或後天什麼時候比較方便到分行辦理……

◎林小姐您好，因為您是○○銀行的優質客戶，○○銀行針對這次挑選出來的貴賓，提供終身手續費三折的超級優惠，活動只到本月底止，僅限通知到的貴賓參加，連我們是行員都無法參加。今天通知完就不再通知，名額有限、要搶要快喔……

◎陳大哥您好，因為您是○○銀行的優質卡友，所以特別由專屬的服務人員通知您超優質的回饋專案。只要您於月底前申辦現金回饋御璽卡，刷卡消費金額高於一千元，就有機會抽中賓士高級轎車一部還有i-Phone等多項大獎，刷得愈多中獎機會愈大，您不覺得是很難得的機會嗎？我可是第一個就通知您，名額有限，要搶要快喔……

六、熱銷效應法

消費者心理中的「從眾心理」是一種能有效激發客戶興趣的技巧，常見店家爲了製造熱銷的狀況，以各種行銷方式讓客戶大排長龍，而客戶往往見到排隊的盛況基於好奇心也會想要上門光顧。

人的好奇心總是容易「人云亦云」，在金融商品的銷售亦是如此，筆者將十幾年的業務行銷經驗歸納成「同流才能交流，交流才能交心，交心才能交易，交易才能交代。」，最快取得客戶信任的方式就是「認同」，而最快取得認同的方式就是「找出需求共同點」。所以讓客戶感受到商品非常熱門，有許多客戶都想參加，而且是貴賓專屬好康就能引導客戶趕緊參加。常見用法如下：

◎陳大哥您好，因為您是○○銀行的優質的卡友，○○銀行針對優質貴賓提供一張現金回饋御璽卡的好康活動，只要在月底前申辦病消費滿一千元以上就能抽賓士汽車大獎，刷得愈多中獎機率愈大。現金回饋是客戶最喜歡的方式，目前已經有很多像您一樣的優質卡友都已參加，早點參加中獎機會更大。我先寄資料給您，只要在打勾的地方填寫寄回即可輕鬆享有，您不覺得很方便嗎……

◎林小姐您好，因為您是○○銀行的優質客戶，近期因應美元、人民幣等外幣強勢，許多客戶紛紛詢問外幣定存優惠。為回饋本行優質客戶，經挑選通知到的貴賓參加人民幣六個月定存可由1.6%加碼到3.2%，美金六個月定存可由0.4%加碼到0.8%。目前已經有很多客戶搶著參加，不知您明天或是後天比較方便來分行辦理？我會親自接待服務喔……

◎陳大哥您好，因為您是○○銀行的優質客戶，近期許多客戶不斷詢問退休規劃專案，本行針對挑選出的優質貴賓提供一檔專屬的保險專案。這個退休規劃專案非常簡單，只要繳費六年，第二年起年年可領退休金，活得愈久領得愈多，就好像提早幫自己準備終生俸一樣。而且可依您的能力規劃退休金的數字負擔輕鬆，目前這是市場上最火紅的專案，每天都有很多客戶參加，不知您明天或後天比較方便來分行？我會親自接待並向您說明專案內容喔……

七、聲東擊西法

有一種消費者心理總是在潛意識中就排斥業務人員的介紹，這種拒絕不見得是商品不好或介紹不清楚，有時可能是客戶直接反射動作。現在金融業競爭非常激烈，客戶三不五時就接到行銷電話，直接拒絕並不足爲奇，此時「聲東擊西」技巧便能發揮作用。

「聲東擊西」技巧乃先藉第一檔商品試水溫，再引導客戶進入眞正主打或有希望成交的商品，利用商品差異化塑造價值感，而成交關鍵在於新的提案要更能打動或滿足客戶。像是房仲業帶客戶看房，常喜歡先找價位高於預算的物件吸引客戶，假設客戶喜歡便說服貸款購屋。但若客戶覺得超出預算太多，則在挑選符合客戶需求的物件，因有比較反讓客戶更覺得貼近需求，增加成交機率。金融業商品種類繁多，但以此方式行銷也不在少數，常見說法如下：

◎林小姐您好，因為您是〇〇銀行的優質客戶，〇〇銀行針對挑選出來的客戶在美金定存有特別加碼活動。一般客戶六個月美金定存利率是0.4%，這次通知到的貴賓特別加碼到0.8%，您不覺得很不錯嗎……（假設客戶沒興趣或考慮中）林小姐您可以考慮一下沒關係，另外因應許多客戶兌換人民幣需求，〇〇銀行針對通知到的客戶特別規劃六個月人民幣定存3.2%的超級優惠。一般客戶只有1.6%，但挑選出的貴賓可享有3.2%超高利率，足足有二倍耶，這個專案應該更適合您喔……

◎陳大哥您好，因為您是〇〇銀行的優質客戶，本行為回饋優質貴賓特提供一檔保險退休規劃專案。只要繳費六年，第二年之後每年領取退休金，活得愈久領得愈多，您不覺得很棒嗎……（客戶覺得年期太長，考慮中）

若您考量年期問題，我們另有一檔美元計價的保險專案，這可是目前最火紅的退休規劃商品。只要繳費四年，期滿之後每年領取退休金，就像提早幫自己準備終身俸一樣，美元又是市場上最強勢的貨幣之一買到賺到，您不覺得更棒嗎……

◎林小姐您好，因為您是○○銀行的優質卡友，○○銀行針對這次通知到的貴賓提供免費申辦超值御璽卡活動，本卡紅利點數加成三倍，本月底前申辦還有抽獎活動要辦要快……（客戶覺得紅利點數兌換麻煩，暫不考慮）

若您比較不習慣使用紅利點數的話，我們另有一張現金回饋御璽卡。這張卡是目前最多客戶申辦的信用卡，可將您的消費直接轉換成現金回饋，刷的愈多回饋愈多，您不覺得完全符合您的需求嗎……

八、欲擒故縱法

消費者心理有時得不到的反而更會珍惜，就像房仲業常以「稀有物件」做爲銷售訴求，目的就是讓客戶感受到「物以稀爲貴」的價值。一般來說客戶常常吃定業務人員爲了業績非向客戶低頭或讓利不可，若我們持續退讓容易讓客戶得寸進尺。這時可使用「欲擒故縱」的技巧，讓客戶感受到商品的搶手以及錯過可惜，激發積極跟進意願。

其實「欲擒故縱法」在銷售上還蠻常見到，像是客戶看見一件喜歡的衣服通常喜歡殺價，有時店員在拗不過時就會說：這件衣服客戶都很喜歡，且已經賣出很多件了，不然你再看看其他產品好了。客戶經店員一激，一方面也喜歡產品，另一方面也會覺得再要求下去恐怕徒勞無功，所以就購買了。房仲業也是一樣，當客戶看上某間房子，礙於價格想要不斷砍價。這時房仲通常會說：這間房子您不是說非常喜歡且價格已經砍到見骨了，如果不能接受的話我再帶您看另外一間好了。有時客戶一聽到喜歡的房子可能不能到手，反而會更加堅定要付斡旋金。金融商品的銷售也是如此，常見的說法如下：

◎陳大哥您好，因為您是〇〇銀行的優質客戶，我們銀行才特別推出高利人民幣定存活動。一般客戶六個月的人民幣定存只有1.6%，但我們通知到的客戶可享有3.2%，足足有二倍之多呢。這個專案通知到的客戶都覺得很划算，您還考慮什麼？假如您要時間考慮的話，我先通知其他客戶好了……

◎林小姐您好，因為您是○○銀行的優質卡友，才有本行特別通知一張現金回饋御璽卡的活動。只要您於本月底前申辦並刷卡一千元以上，就有機會抽賓士汽車等大獎喔。這張信用卡是直接以現金回饋給客戶，目前通知到的客戶都覺得很讚，假如您還要考慮的話我先通知其他客戶了……

◎林小姐您好，因為您是○○銀行的優質客戶，我們銀行才針對特別篩選出的客戶推出退休規劃保險專案。這個專案只要繳費六年，自第二年起年年領年金，活得愈久領得愈多，是目前最受歡迎的退休規劃專案。這個專案是通知到的客戶才能參加，我通知到的客戶都好喜歡，假如您還需要時間考慮的話，那先把機會讓給其他客戶好了……

九、事件行銷法

傳統式的商品介紹無法很快打動客戶，有時必須使用「事件行銷法」，透過相關事件的發生及名人加持，來加深客戶的信心與需求。太極拳講求的是「機」與「勢」，必須掌握機會順勢而爲，所以此法必須掌握事件發生的時機點與影響力，方能發揮最大的功效。

像是房仲業特別喜歡使用「事件行銷法」，常會在銷售時告知客戶：這個物件非常難得可說是人文薈萃，連政務官、立委都住在裡頭，加上環境清幽、鬧中取靜眞是買到賺到啊。在金融商品銷售中，爲了加深客戶的危機意識與購買意願，也經常使用「事件行銷法」來激發客戶興趣。常見用法如下：

◎陳大哥您好，因為您是○○銀行的優質客戶，因應近期中國大陸「一帶一路」策略與「亞投行」的成立，人民幣後勢看漲好多客戶喜歡，本行特別針對挑選出的貴賓提供六個月人民幣定存加碼活動。一般客戶利率是0.6%，這次通知到的貴賓可享有3.2%的超值優惠喔，您不覺得很棒嗎……

◎林小姐您好，因為您是○○銀行的優質客戶，近期各大報報導人民幣定存利率將降到3%以下，本行針對挑選出的貴賓特別提供六個月人民幣3.2%的超級優惠，只有通知到的客戶才能享有，您不覺得很讚嗎……

◎林小姐您好，因為您是○○銀行的優質卡友，根據今年度的專業調查，客戶最喜歡的就是直接回饋現金的信用卡。本行針對優質貴賓提供一張現金回饋御璽卡，本月的申辦除了現金回饋加倍外消費一千元以上還可參加抽獎，最大獎是賓士汽車呢，您不覺得機會難得嗎……

十、故事行銷法

自古以來說服力最強的行銷莫過於「說故事的力量」，一個動人的故事往往能讓頑石點頭，所以「故事行銷法」便成爲每位理專必備的技能。

不只是金融業常使用故事行銷法，在電視廣告行銷中亦常看見故事行銷的案例。像是汽車廣告常塑造家庭和樂與責任的情境，房仲廣告主打三代同堂與父母期待的訴求，速食店廣告講求全家用餐、隨叫隨到的便利等。在金融商品的銷售中，常使用的方式如下：

◎林小姐您好，因為您是○○銀行的優質卡友，本行特別推出專屬的防癌險專案，除了防癌保障還有還本的功能，是目前最火紅的商品喔。根據衛福部的調查，癌症已蟬聯三十幾年十大死亡第一名的寶座，近年黑心油、黑心食品層出不窮真的令人不放心。趁自己健康又有能力時提早規劃防癌險是最明智的選擇，更何況這次針對優質貴賓規劃的專案還有還本的功能，您不覺得很讚嗎……

◎陳大哥您好，您是○○銀行的優質客戶，最近最熱門的議題莫過於退休後的生活疑慮，很多人工作都非常辛苦根本不敢想像退休後的生活。本行特別推出一檔年金險退休規劃專案。只要繳費六年，自第二年起年年可領年金就像提早領退休金一樣，活得愈久領得愈多。趁健康又有能力時提早幫自己準備終生俸，您不覺得這個專案很棒嗎……

◎林小姐您好，您是○○銀行的優質客戶，最近新聞提到最穩健累積人生第一桶金的方式，就是以定期定額、長期持有的方式投資基金。○○銀行針對這次挑選出的貴賓，提供基金終身手續手續費三折的超級優惠，只要在月底前申購，不論單筆或定期定額或定期不定額皆可享有，只有通知到的客戶才有，您不覺得很棒嗎……

第五章 電銷密技——製造下次機會的五種方式

電話約訪成功的關鍵之一在於「永遠要製造下次機會」，常見理專習慣在電話交談的收尾階段告訴客戶：「有空來分行時記得到二號理財櫃檯找我喔，大門進去右邊第二個座位就是了……」這樣的收尾屬於「行禮如儀」的結束，除非與客戶的關係良好，否則為何客戶一定要到二號櫃檯找理專呢？所以這樣的收尾往往在這通電話後就沒有下文，因爲客戶通常會隨口虛應OK，實際上卻不一定會有進一步的進展。

爲提升電話約訪的成效達到後續成交的目的，必須在每通電話製造下次機會或預留下次約訪伏筆，「提示」客戶會做再次約訪或服務。筆者提供金融業常用的五種製造下次機會的方式，如下：

一、客戶服務法

金融服務業講求的就是「客戶第一、服務至上」，以客戶服務做爲約訪或拜訪的理由是合理且可被接受的。善用客戶期待享受優質服務的心理，提醒客戶會持續提供貴賓專屬訊息，比較不容易被拒絕。

◎林小姐您好，因為您是○○銀行優質客戶，本行針對優質貴賓特別安排本人來為您提供專屬的服務，若您有任何投資理財的需求，我會隨時提供您最新的訊息與諮詢。不知道您明天或是後天比較方便至分行？我請您喝杯咖啡及午茶，順便分享一下本行目前最新的貴賓專案……

◎陳先生您好，因為您是○○銀行的優質卡友，本行非常重視貴賓的服務，特別安排我來服務您。若您有人投資理財的需求或諮詢，請不要客氣隨時與我聯繫。本行這次推出的退休規劃專案，是針對像您一樣年輕族群的規劃，只要辛苦六年自第二年起退休金領終身，是目前最多人參加的專案。不知道您明天或是後天比較方便至分行？第一次面我請您喝杯咖啡及午茶，順便分享一下本行目前最火紅的貴賓專案……

◎林小姐您好，因為您是○○銀行優質客戶，本行針對優質貴賓特別安排本人來為您提供專屬的服務。目前看到林小姐在本行以定存與基金投資為主，想請教一下您對我們的服務有任何建議嗎？另外因應金融市場的迅速變化，我們針對貴賓提供不定期投資理財諮詢服務，不知您明天或後天比較方便？我會親自向您說明，如有任何問題可當面提出……

二、資料確認法

金融業的個資非常重要，有時客戶也會擔心資料未更新或錯失重要訊息，透過「資料確認」或「訊息通知」方式較容易降低客戶戒心，從中找尋客戶需求的切入點。

根據實務上的經驗，客戶最容易接受的就是信用卡權益通知。在電話約訪過程中常發現客戶對信用卡的權益，或是紅利點數的使用皆不清楚，此時正是理專可發揮的機會點。藉由信用卡權益通知或紅利點數兌換服務，可增加約訪與行銷的機會，又不容易被客戶拒絕。常用的方式如下：

◎林小姐您好，因為您是〇〇銀行優質卡友，本行特別安排我來提供專屬的服務。目前您的紅利點數已累計二十萬點，提醒您三年內要記得兌換，本行有提供多項好康兌換品可透過網路兌換，不知您明天或後天比較方便前來分行？我親自跟您說明並協助您兌換……

◎陳先生您好，因為您是〇〇銀行的優質客戶，本行特別安排我來提供專屬的服務。為避免貴賓措施銀行重要訊息，先跟您核對一些基本資料，冒昧請教您近期公司或通訊地址有更新嗎？另外因應金融市場的迅速變化，我們針對貴賓提供不定期投資理財諮詢服務，不知您明天或後天比較方便？我會親自向您說明，如有任何問題可當面提出……

◎林小姐您好，因為您是〇〇銀行優質卡友，本行特別安排我來提供專屬的服務。目前您的紅利點數已累計二十萬點，提醒您三年內要記得兌換，請問您平時有使用紅利點數兌換的習慣嗎？（根據筆者經驗，大部份的客戶都不熟悉紅利點數的兌換方式。）本行針對比較少使用紅利店數兌換的貴賓提供另一張「現金回饋御璽卡」，可將您刷卡的金額直接回饋成現金，是我們目前最多人申辦的一張，只要填幾個資料就可以非常方便。另外我們也提供免費的投資理財諮詢服務，不知您明天或後天比較方便前來分行？我請您喝杯咖啡幫您處理……

三、再次約訪法

很多時候客戶會以「我現在很忙」、「我正在開會」、「最近比較沒空」、「過幾天要出國」等方式婉拒邀約，通常理專會告訴客戶「那你有空的時候再通知我」、「等你比較方便的時間再告訴我」或是「有空的時候記得來找我喔，我是二號櫃檯大門進去往右看就會找到。」在與客戶尚未熟識時，請問客戶有何義務要與理專聯繫或至分行「探視」？到最後總是癡癡地等無消息不了了之，眞的非常可惜。

爲了要創造下次聯繫的機會，必須要發揮「勤跟催」的黏功，與客戶保持亦步亦趨的距離又不造成反感，此時必須使用「再次約訪法」來預約下次的聯繫。常見的說法如下：

◎客戶表示最近比較忙

陳先生您好，工作忙碌代表您事業成就，既然您在忙碌我也不便打擾。因為這次的專案真的非常好康，好多客戶都很喜歡，那我下週再與您聯繫好了……

◎客戶表示明天將出國旅遊一週

林小姐您好，明天出國先祝您一路順風，真的很羨慕您有機會到國外走走、增廣見聞。這次的優惠專案加碼非常多，所以一定要當面跟您說明，不然等您回國我再與您聯繫……

◎客戶表示正在開會

陳先生您好，不好意思打擾到您的會議，本行這次針對挑選出的貴賓提供一檔目前市場最熱門的退休規劃專案要通知您。這個專案聽到的客戶都很喜歡，請問您今天下午四點還是五點比較方便？我再撥電話給您……

四、不期而遇法

電話約訪的過程有時「巧遇」會比「刻意」來得讓客戶驚喜，原因在於太過於刻意會造成客戶的壓力，所以製造約訪會見面的巧合容易讓客戶卸下心防，達成進一步行銷的目的。

常見一些房仲業、金融業外勤業務，都會以「地區服務」或「不期而遇」的方式接近客戶，若能登門入戶與客戶進一步溝通，就有機會深入說明商品內容成功行銷。常見的用法如下：

◎陳先生您好，因為您是○○銀行的貴賓，本行特安排我來擔任您專屬的服務人員。本月份銀行針對優質貴賓有投資理財健診服務及提供好康優惠專案，假日剛好巡迴服務到您住家附近，不知您週六或週日下午比較方便？我會當面向您說明，大約只花五到十分鐘不會耽誤您太久……

◎林小姐您好，因為您是○○銀行的優質卡友，所以由我來擔任您的專屬服務人員。近期本行針對優質卡友推出免費點數兌換活動，明天剛好會到貴公司附近，不知您明天上午或下午比較方便？我會當面向您說明，只需耽誤您五分鐘就好……

◎陳先生您好，因為您是○○銀行的優質客戶，所以指派我來擔任您的專屬服務人員。因應近期退休規劃的議題火熱，想親自向您介紹一檔市場上最熱門的專案，只要繳費六年自第二年起即開始領退休金，終生享有活得愈久領得愈多。剛好我明後天會在您公司附近拜訪客戶，不知道您明天還是後天比較方便？我在當面向您說明，您一定會喜歡……

五、貴賓禮遇法

消費者心理總是期待著尊榮、專屬的禮遇，故必須塑造獨特且專屬的情境讓客戶感受尊榮禮讚，此時使用「貴賓禮遇法」就是最好的方式。

一般只要是業務行銷的工作，都擅長營造VIP貴賓的尊榮享受，讓VIP客戶與一般客戶做區隔。例如：航空公司會規劃貴賓室，財富管理針對VIP客戶有獨享好康等。電話約訪中常用的說法如下：

◎林小姐您好，因為您是○○銀行的優質卡友，這次針對本行百萬卡友中挑選出來的貴賓，有提供六個月人民幣加碼的超級優惠。一般客戶六個月人民幣定存只有1.6%，我們這次回饋貴賓專案特別加碼到3.2%，您不覺得很讚嗎？所以想邀請您至本行說明及辦理，不知道您明天還是後天比較有空？我請您喝杯咖啡再當面說明比較清楚……

◎陳先生您好，因為您是○○銀行的優質客戶，本行針對這次挑選出的貴賓提供基金手續費終身三折的超好康優惠，我第一次聽到這麼棒的好康，只有通知到的客戶才有喔。不知道您明天或後天比較有空，我會在分行門口親自接待您，您是我們的貴賓不用排隊也免久候，當面說明會比較清楚……

第六章

面銷密技——聲入人心

自古以來聲音是傳遞訊息最重要的方式，根據國外的統計：客戶接收的訊息55%來自於動作姿勢、38%來自於聲音語調，而7%來自於說話內容。而不論是電銷或是面銷，善用聲音的技巧可強化說服的力量，增加行銷成功的機會。常見理專納悶為何相同的行銷話術卻有不同的結果？原因在於聲音技巧及反對問題處理（反應力）的差異，事實上客戶也會選擇聲音動人又有服務熱忱的理專，所以必須學習聲音技巧增強行銷的功力。

本章介紹的聲音技巧分為「聲音的力量」、「溝通的技巧」及「聲音的保養」三部分，從發聲到使用至保養三位一體，能在最短的時間發揮聲入人心的魅力。

一、聲音的力量

聲音的力量來自於肺腑之音的感動，要發揮肺腑之音的力量必須從呼吸與發聲開始。一般人習慣由喉嚨發音，導致聲音不帶感情且喉嚨容易受傷，一旦聲帶受傷反而得不償失。而感動人的肺腑之音必須由胸腔及腹腔發聲，並配合鼻息與腹腔的呼吸，就好似瑜伽式呼吸一般有節奏方能產生打動人的力量。分述如下：

■呼吸技巧

只要是人都需要呼吸，呼吸的順暢會影響氣的流動。最好的呼吸其實「嬰幼兒」的呼吸方式，才是最好、最自然、最正確的，但隨著年紀增長，反而忘記我們的本能。多數人在呼吸的時候，容易落入一個陷阱，不經思考吸、吐氣，往往是屬於呼吸不完全的「淺層呼吸」；然而，要達到完整的氣體交換，應該要進行所謂的「深層呼吸」。

淺層呼吸和深層呼吸的差異在於呼吸的深淺程度。淺層呼吸是僅止於胸腔的氣體交換，也就是所謂的「胸式呼吸法」，氧氣只能到達肺的表面；深層呼吸則是吸得更深、吐得更徹底，讓氣體可以在深層的肺泡，也就是肺的底部進行交換；更進一步地說，就是所謂的「意沈丹田」，運用「意念」將氣傳至丹田的位置，運用腹腔進行呼吸，也就是所謂的「腹式呼吸法」，可以回歸到我們人的核心部位，在此蓄積能量並且滲透至身體的骨骼肌肉等各部。

胸式呼吸法與腹式吸法的比較

1. 淺呼吸（胸式呼吸法）：將空氣吸入肺部，使胸腔鼓起，再將吸入肺部的空氣，全力吐出。

2. 深呼吸（腹式呼吸法，或稱橫隔膜呼吸法）：將空氣慢慢吸入肺部深層，在進行氧氣及二氧化碳交換作用後，向下運氣至「丹田」。

■發聲技巧

一般人說話習慣用喉嚨發聲，這樣的發聲方式易使聲音較爲乾澀，且音質不帶感情難以打動客戶，長時間的說話更易造成喉嚨或聲帶的受傷。所以必須透過有效的發聲方式，傳遞情感打動客戶並保護嗓子，畢竟喉嚨可是生財的工具呀！

參加過歌唱訓練的人都知道，老師都會要求由丹田發聲，在唱歌的過程中不斷壓肚子確認是否用力，以確保歌聲優美及動人。其實說話也是一樣，必須使用丹田的力量發聲，配合「腹式呼吸」方式，發聲部位爲胸腔與腹腔才能發揮打動客戶的感性力量。古人常說發自內心的「肺腑之言」，其實就是透過這種發聲方式打動人，把客戶當成自己的情人，自然說起話來溫柔婉約、細膩動人。

除了聲音情感的表現外，「咬字清楚」與「口條流暢」也是非常重要。在黃金30秒的開場及後續的客戶溝通中，若無法將重點清楚深刻的傳達，則無法有效激發客戶興趣。想要達到咬字清楚及口條流暢必須不斷的練習，最基本的練習可透過「讀報」、「繞口令」或「朗誦」方式，平時利用空檔時間多練習，假以時日便能造就流利的口條。例如：

◎東市有四十四顆柿子，西市有四十四隻獅子，東市的人想要四十四隻獅子，西市的人想要四十四顆柿子，四十四隻獅子，四十四顆柿子，不知道去東市買四十四顆柿子還是要到西市買四十四隻獅子？

◎廟裡有隻妙妙貓，妙妙貓喵喵叫，廟和妙妙貓情感好，廟對著妙妙貓，不知是廟瞄貓，還是貓瞄廟？

◎老師愛書怕老鼠，老鼠咬書怕老師，書愛老師怕老鼠，老師看書，最怕老鼠來咬書，老鼠咬書，最怕老師來看書。

◎李家嫂子吃梨，黎家嫂子吃李，李家嫂子吃梨不吃皮，黎家嫂子吃李也吃皮，李家嫂子吃膩了梨吃黎家嫂子的李，黎家嫂子吃膩了李吃李家嫂子的梨，李家嫂子吃李不吃皮，黎家嫂子吃梨也吃皮。

◎灰雞想飛，飛不上去。飛機想走，走不出去。灰雞看飛機，愈看愈生氣，為什麼飛機飛得上去？飛機看灰雞，愈看愈心急，為什麼飛機不如灰雞？

二、溝通的技巧

溝通的漏斗理論提到：「我們腦中100%想傳達的訊息，平均只有80%能傳達出去。這80%傳達出的訊息，只有60%被對方接收到，而60%被接收到的訊息，只有40%被正確解讀。若三天不持續提醒，這40%被正確解讀的部分只剩20%的記憶。」這是因爲每個人的表達能力、接收能力與解讀能力不同，造成訊息傳達的效應遞減。若不加緊跟催客戶，三天後客戶的熱銷效應可能就消失殆盡。所以正確的溝通必須掌握「快、狠、準」的祕訣，用精準簡要的用辭加深客戶印象，才能有效打動客戶，這才是客戶溝通的精髓。

根據專業的調查，容易令人反感的說話前五名分別是：

排名	項目	比重
1	官腔官調	90%
2	含糊不清	86%
3	聲音太細 語調太尖	79%
4	語氣平淡 常清喉嚨	76%
5	音量大太	74%

經統計有九成的客戶對於說話官腔官調的印象非常不好，在「服務至上、客戶第一」的時代，眞誠熱情的服務才能滿足客戶。有86%的人對理專說話含糊不清表示不能接受，正好符合溝通理論強調的「精準表達」。有79%的人不喜歡理專說話

聲音太細及語調太尖，因為聲音太細會聽不清楚，語調太尖易造成聽覺不舒服，所以發聲的技巧是由胸腔及腹腔發出的「肺腑之言」來打動客戶。另有76%的人不喜歡理專說話的語氣太過平淡，或是有常清喉嚨的小動作。太過平淡的聲音不易吸引客戶注意，且會讓人昏昏欲睡。而常常清喉嚨的小動作，會讓客戶覺得不受尊重，這些都是客戶溝通必須避免的關鍵。最後有74%的人在意理專說話音量太大，過大的音量容易讓人感受不舒服或心情煩躁，會影響行銷流程的進行。一般來說音量的控制會比客戶的聲音稍大一些，一方面讓客戶聽得清楚，另一方面比較能掌控溝通的進行。

■聲音同流法

行銷的聲音溝通技巧有很多，要快速拉近客戶距離必須先與客戶「同流」。依據「同流才能交流，交流才能交心，交心才能交易，交易才能交代」的原則，聲音也能與客戶同流，利用聲音與客戶同流達到交流、交心的目的，進而切入行銷流程。

一般來說客戶說話的速度較快，代表客戶個性比較性急，此時我們就要把說話速度加快與之同流。若客戶說話的速度較慢，表示客戶個性較溫吞謹慎，這時候我們就要把說話的速度放慢。當理專與客戶說話的速度趨於一致時，就好比跳雙人舞蹈必須隨舞伴的動作亦步亦趨，當動作與節奏和諧一致時，才能展現出舞藝的美妙。同理，客戶聲音的語調較高時，我們就試著把音調拉高。客戶聲音的語調較低沉時，我們就把說話的音調壓低。這也是說話「同流」的技巧之一，就像歌唱合聲，必須雙方配合聲音才會悠揚動人，所以「同流才能交流，交流才能交心，交心才能交易，交易才能交代。」

■DISC溝通法

二十世紀二〇年代，美國心理學家威廉莫爾頓馬斯頓創建了一個理論來解釋人的情緒反應，在此之前，這種工作主要侷限在對於精神病患者或精神失常人群的研究，而馬斯頓博士則希望擴大這個研究範圍，以運用於心理健康的普通人群，因此，馬斯頓博士將他的理論構建為一個體系，即The Emotions of Normal People（正常人的情緒），專門用於描述心理健康的普通人群常見的基本情緒反映。

爲了檢驗他的理論，馬斯頓博士需要採用某種心理測評的方式來衡量人群的情緒反映「人格特徵」，因此，他採用了四個他認爲是非常典型的人格特質因數，即Dominance支配、Influence影響、Steadiness穩健，以及Compliance規範。而DISC，正是代表了這四個英文單詞的首字母。在1928年，馬斯頓博士正是在他的《正常人的情緒》一書中，提出了DISC測驗，以及理論說明。

國內DISC運用約十多年前由美國引進，主應應用於金融保險業的適性測驗，藉以遴選出適任的員工。近年來DISC的實務技巧已從原先的性格測驗研發至客戶溝通的層面，又把其精髓更加深化活用，將溝通談判技巧推向更多元的境界。DISC的運用非常廣泛，必須透過專業課程的培訓與實務操作累積經驗值，本書僅以其聲音運用之基本架構精神與客戶應對方式略作說明。

D型：老虎型

D型一般稱作老虎型，全名Director或是Dominance，意思是領導者或掌控者。顧名思義D型人天生就具備領導霸氣，喜歡掌控一切，自我意識較強，且喜歡挑戰刺激。此類型客戶投資傾向樂於挑戰，但個性較急喜歡做決定。說話急躁語調積極、激動，聽話只聽重點，且喜歡打斷人說話，立即要結果，常見於老闆或高階主管。

應對方式：

面對D型客戶必須掌握「讓客戶做決定」的原則，千萬不可自以為是專家拼命「指導」客戶投資理財，別忘了D型客戶可是領導人的個性，不喜歡別人幫他做決定，所以必須提供建議讓客戶選擇。且D行客戶是急性子，只想聽重點與關鍵字，所以在溝通的過程中必須「講重點」，用最精簡的字眼激發客戶興趣，最重要的是「讓客戶做決定」。例如：

◎陳先生您好，關於◯◯銀行為您量身訂製的退休規劃專案，不知道您覺得A方案還是B方案比較符合您的需求？

◎林小姐您好，這次◯◯銀行特別為您規劃的退休理財專案，是針對您的需求量身打造，不知您一個月五千元或一萬元比較符合需求？

◎林先生您好，有關本行最新推出的信用卡優惠專案，皆是為了商務人士量身定做，又搭配了多項優惠活動，不知您喜歡紅利點數積點還是現金回饋信用卡比較實用？

I型：孔雀型

I型一般稱作孔雀型，全名Interact或是Influence，意思是互動者或影響者。I型人天生喜歡表現、長袖善舞、喜愛舞台，熱心熱情喜愛交友，個性多爲活潑，口才流利能發揮影響力，喜歡被激勵。由於愛面子喜愛舞台與表現，許多Top Sales屬於I型人。

面對I型客戶必須掌握「激勵客戶做決定」的原則，此型客戶說話的聲音多抑揚頓挫，口條流利、長袖善舞，全身散發熱情，喜歡交朋友。此時最好的策略就是找出客戶的「在意點」，一般來說客戶談到有興趣的人事物必會滔滔不絕難以打斷，例如有人只專注在工作事業議題，有人在意子女教育及未來，有人對投資理財有興趣，也有人喜談個人喜好。接著再掌握I型人愛交友愛面子的個性，激勵客戶做決定。例如：

◎陳先生您好，這次的VIP退休規劃專案是針對本行貴賓所推出，最適合像您一樣是獅子會會長的社會精英，一個月投資十萬元應該不是問題吧？

◎林小姐您好，這次本行全新推出的百貨公司聯名的現金回饋御璽卡，就是針對像您一樣頂級的貴婦量身打造，在百貨公司精品店血拼，買的愈多回饋的愈多都是現金回饋喔，多辦一張VIP專屬信用卡對您來說應該不成問題吧？

◎陳先生您好，這次本行推出的科技新貴退休規劃專案，最適合科技業無暇理財的貴賓，目前已經有多位科技新貴參加。很多科技業貴賓都是參加每月二萬元的專案，相信一個月二萬元的理財規劃對您來說應該是小意思吧？

S型：無尾熊型

S型一般稱作無尾熊型，全名Supporter或是Steadiness，意思是支援者或穩定者。S型人行事較爲拘謹，喜歡按部就班共同完成工作。忠誠度高有耐心，喜好標準化流程及和諧穩定的溝通氣氛，類似公務員的屬性。投資理財多爲保守穩健屬性，風險承受度低，須以保本保障型商品先試探，切勿直接推薦高報酬高風險商品。

面對S型客戶必須掌握「幫客戶做決定」的原則，S型客戶說話的聲音正如其個性，較爲平穩柔和少抑揚頓挫。所以在溝通之時必須隨之以較爲溫和的語調拉近距離，並掌握S型人保守穩健的個性，伺機推薦適合的商品，尤其是可預期投資報酬的商品，讓客戶安心與放心參與規劃方式上策。例如：

◎陳先生您好，本行針對喜歡保本保息之貴賓提供專屬的人民幣定存專案，六個月利率特別加碼到3.2%，比之前的利率優惠多了，是最適合您現階段的規劃。很多客戶一次都存50萬或100萬，不知您這次先存多少？

◎林小姐您好，這次〇〇銀行推出的退休理財規劃是針對穩健理財的客戶量身定做的，只要繳費六年自第二年起年年發放退休金，兼具保本、保障與投資，活得愈久領的愈多，是最適合您的專案。不知您一個月規劃的預算是五千還是一萬？

◎陳先生林好，這張〇〇銀行最新推出的現金回饋御璽卡，是特別針對把錢花在刀口上的客戶設計的，除了享有多項合作廠商優惠，最重要的是每一次消費都是使用現金回饋到自己身上。這是目前最划算的信用卡，注重效益、精打細算的客戶都很喜歡，除了您本人外是否也幫家人各辦一張？

C型：貓頭鷹型

C型一般稱作貓頭鷹型，全名Corrector或是Cautious，意思是修正者或謹慎者。C型人行事較為謹慎小心，喜歡確保品質與精確，注重專業細節與關鍵。此類型客戶在投資理財屬於理性分析型，習慣多方精算後找出最適方案。理性的客戶最易陷入「比較」的迷思，殊不知算得出利息卻算不出風險，且理專的服務與商品的價值並無法從單方面試算就能得知。所以必須透過「感性」的態度，訴諸「數據」與「證據」，這樣比較容易說服C型客戶。

面對C型客戶必須掌握「建議客戶做決定」的原則，C型客戶通常屬於專業人士，像是分析師、理財規劃師、會計師等，說話的聲音就像做事的態度一樣謹慎小心，習慣以中音階發聲，語調平穩少抑揚頓挫。故溝通的步調必須走穩健路線，不宜急功躁進。掌握C型人實事求是喜歡精準的個性，善用數據與證據說服客戶，可搭配事件行銷、專家意見或統計數據當做佐證，強化說服的力道。面對C型客戶，數據力及說服力。例如：

◎陳先生您好，本行這次針對貴賓提供的人民幣定存加碼活動，六個月利率高達3.2%，比原先的1.6%足足有二倍之多耶。這可是目前最划算的投資，且投資時間只有六個月，資金非常靈活運用，您不覺得很讚嗎？

◎林小姐您好，這次◯◯銀行推出的退休理財規劃是針對穩健理財的客戶量身定做的，只要繳費六年自第二年起年年發放退休金，兼具保本、保障與投資，活得愈久領的愈多。這可是目前最火紅的專案，十位客戶中有八位客戶會參加，參加比例高達八成，您的預算是一個月規劃五千還是一萬？

◎陳先生您好，這張◯◯銀行最新推出的現金回饋御璽卡，是特別針對把錢花在刀口上的客戶設計的，除了享有多項合作廠商優惠，最重要的是每一次消費都是使用現金回饋到自己身上。目前針對通知到的客戶有70%都加辦這張信用卡，您不覺得很划算嗎？

■傾聽提問法

客戶溝通的重要在於「傾聽」與「提問」，這二種能力相輔相成且需透過專業的訓練與實務的經驗培養。人都需要有傾訴的對象，當客戶談到有興趣的人事物時會欲罷不能，此時我們必須耐心、細心聆聽，從中找出客戶需求或激發興趣的關鍵點。當傾聽的過程找到行銷的機會點時，必須透過引導式「提問」的方式逐步切入商品行銷，而引導式提問要搭配「暗示性字眼」才能有效引導客戶進入預設的情境。

筆者分享幾種常用的傾聽與提問的技巧，最重要的必須透過實戰經驗不斷練習，方能在千變萬化的戰場中戰勝客戶。

傾聽的技巧

＊傾聽的禮貌

傾聽的態度會決定客戶是否願意繼續說下去，所以傾聽的禮貌非常重要。面對客戶時第一個要面帶微笑，因爲微笑是世界共通的語言，能帶給客戶親切和善的感覺，更何況出手不打笑臉人，隨時保持微笑會讓談話的氣氛更爲融洽，增加成交的機會。

會談的坐法與距離也是一門學問，理專桌的會談自然以面對面坐法，長方形的會客桌一般會以緊鄰90度相倚而坐，這樣的坐法會讓客戶感受到專業親切的服務，而不會造成談判的緊張對立。與客戶通坐在桌子長邊爲輔佐位，通常用於關係親密的客戶，方便輕聲說明與討論。而長桌斜對角的坐法是疏離位，會讓客戶覺得疏遠或不受尊重，千萬要避免坐錯座位。

與客戶交談的距離必須視關係的熟識度而定，一般初次見面的客戶的安全距離約一至三公尺，這是普遍適合談話的距離。依照心理學家所研究的人與人溝通距離，將客戶關係的親密疏遠程度又細分爲不同的層次：

◎親密距離——稍遠型（0.15至0.45公尺）：

這是關係密切的客戶所保持的距離，透露的訊息為「親切友好」，屬於友善的距離，只有彼此關係熟絡如多年好友，才有可能保持這樣的距離。

◎個人距離——稍近型（0.45至0.75公尺）：

這是可以伸手抓住對方的距離，能夠看清楚對方的表情。雙方保持這種距離，表示彼此交情然不錯。但若與已結婚的異性處在這段距離內，可能會引起誤會。

◎個人距離——稍遠型（0.75至1.20公尺）：

雙方須同時伸手才能觸碰的距離，代表彼此有一般的交情，不算特別熟識，這是一般客戶正常的社交距離。

◎社交距離——接近型（1.20至2.10公尺）：

這種距離已超過身體接觸的範圍，是辦公室人際關係適用的距離，適用於初次見面客戶的社交距離。

◎社會距離——遠離型（2.10至3.60公尺）：

這是工作時使用的距離，既不受別人影響，同時也方便交談，適合與客戶站姿交談討論。

＊用心細心聆聽

傾聽的目的在於發掘客戶需求，故必須透過引導式問句讓客戶多說。而理專必須豎起耳朵，用心細心地聆聽，方能聽出客戶的弦外之音。

在傾聽的過程中，可觀察客戶的眼神與動作來判斷心理的想法，這種觀察客戶心理的技巧稱作「覺察」。

＊態度誠懇，建立信任感

客戶的購買意願取決於信任度，而信任感的建立在態度的誠懇。常見一些業務人員話術一流，介紹商品說得頭頭是道，但客戶不一定會買單。原因就在這些訓練有素的業務人員說起話來太「油」，雖然話術技巧高超但不易取得客戶信任，反而會讓人擔心是否被詐騙，所以態度誠懇才是建立信任感的王道。

態度的誠懇可透過聲音與表情傳達，誠懇的聲音必然是由胸腔與腹腔共鳴發聲，就是俗稱的「肺腑之言」。這樣的聲音溫暖而感性，容易讓客戶感同身受，進而產生信任感。而誠懇的表情常是面帶微笑，眼神注視著客戶並不時點頭認同，這樣的動作才能拉近客戶距離，必須自然地流露表達方能打動客戶。

＊勤做筆記

消費者心理講求的是被尊重、重視的感覺，當客戶分享表述時，最在意的就是對方是否認眞聽，所以勤做筆記會讓客戶感覺受到重視。尤其較有資歷的客戶，往往也是企業主管或是社會棟樑，更是在意表達的內容是否被重視，藉由一個習慣性的動作達成客戶信任的目的何樂而不為？

養成做筆記的習慣有二個優點，第一個優點是把客戶談話的重點記住，以免內容太多加上時間一久會有遺漏。第二個優點是讓客戶感受到我們的用心與重視，有時在記錄之後將客戶談話的關鍵字重複一遍，會有意想不到的效果。當然做筆記不是寫逐字稿，在短暫的時間只能記下最關鍵或是最需要的重點。一般我們習慣記錄重要的人事時地物，另外客戶需求以及最在意的事項更是需要記下，例如：投資屬性、財務規劃有權決定者、特殊事件等。

「魔鬼藏在細節裡」，勤做筆記能幫助理專掌握重點與細節，尤其客戶數愈來愈多時必須更有效分析客戶屬性，這又屬於CRM客戶關係管理的範疇。

＊再次確認

爲使客戶能感受到被重視並加深印象，「再次確認」客戶談話的重點是有其必要性。在談話的過程中，有時客戶自己都忘了說過什麼內容，所以必須藉由再次確認重點的方式「提醒」客戶說過的話。

另外再次確認客戶說過的重點，表示我們非常注意客戶談話的內容，會讓客戶感覺受到重視，能拉近距離加強信任感，進而增加切入成交的機會。

＊停頓一至三秒

客戶溝通須取得相互尊重與認同，否則難以進行更深入的行銷流程，所以與客戶對談接話時必須先停頓一至三秒，讓客戶感覺受到重視且經過充分思考後再回應。部分理專因具備業務經驗，往往在客戶談話時即想到要如何應對，所以在客戶一說完就馬上想接話。這樣的舉動常常會讓客戶感到不受尊重，會懷疑是不是所談的內容不被重視或是內容膚淺，才會急著打斷話題？所以在與客戶溝通時，每次回應前先停頓一至三秒是必要的技巧。

停頓一至三秒的目的，是爲了表現出非常重視客戶的態度，並針對客戶的談話內容仔細思考後再予以回應。另一方面行銷的過程本就必須仔細推敲找出客戶需求，即便是有經驗的理專，太急於回覆難保不會忙中出錯，「三思而後行」的客戶溝通方爲上策。

＊不打斷插嘴

客戶溝通的禮節非常重要，談話的過程中必須全程仔細聆聽，搭配微笑、點頭、做筆記等動作強化對客戶的重視度，最重要的千萬不要打斷客戶或是中途插嘴。

當客戶談到有興趣的話題時，必然會全神貫注熱情的分享，也會期待理專能專心傾聽。若是打斷客戶的說話或是中途插嘴，會讓客戶興致敗壞，導致行銷失利。所以專心仔細聆聽是溝通非常重要的原則，切忌打斷談話或插嘴冒犯客戶。

＊不發出聲音

傾聽的態度必須是專注而認眞，更重要的是安靜的聆聽切勿打斷、插話，也不要任意發出聲音。這會使客戶感到不受尊重，別讓這些小動作影響行銷的進展。

有些理專在與客戶談話時，會有一些習慣性的小動作，例如：轉筆、敲桌子、眼神飄移、打呵欠、咬筆或是發出怪聲音等。這也許是個人不經意的習慣，也有可能是紓解壓力的方式，但對客戶來說都是唐突且不禮貌的行爲。試想當客戶認眞分享投資理財的看法時，中間一直被一些小動作或怪聲音所影響，除了會被干擾也會被解讀成對客戶的內容沒興趣。誰會對有機會成交的客戶沒興趣呢？不要被一些不經意的習慣影響，與客戶溝通時還是保持全神貫注、專心認眞的態度吧！

＊留意注視點

注視客戶認眞傾聽是溝通的重要技巧，而眼神的交流將扮演溝通的靈魂角色。

我們都知道「眼睛是靈魂之窗」，從眼神的交會可傳達許多訊息，例如：情人間的眼神交會，總是愛意的傳達。父子間的眼神交流，都是關懷的傳遞。上司下屬間的眼神交換，代表著默契的傳送。當然客戶間的眼神對談，也會有許多的訊息傳達。

眼神溝通的技巧在於注視點的位置，從不同的注視點帶給客戶的感受皆不同。注視點在客戶臉上會讓客戶感到重視與專注，注視點在不相干處，代表對談話內容毫無興趣，注視點左右游移，表示心不在焉。

當我們注視客戶時，儘量避免雙眼對視（除非是非常熟識的客戶），在客戶心理上容易有被侵犯的感覺。一般來說呈現坐姿時，注視點會在客戶的臉上，通常依照身高聚焦在客戶額頭到鼻頭的區域，這樣的注視不但莊重且可減少緊張的心情。另呈現站姿時，由於距離稍微拉開，故注視點會放在客戶的髮際線到肩膀線區域。不論眼神的注視聚焦在何處，重點是必須使用自然自在的眼神，不可太過僵硬做作，這樣才能讓客戶感受到關懷。

提問的技巧

行銷的最高境界就是善用提問的技巧，從客戶的回應中找出需求。提問的技巧不外乎「封閉式提問」、「開放式提問」、「選擇式提問」與「引導式提問」四種，其中最常用且有效的當屬「引導式提問」。優秀的理專會善用提問的方式，讓客戶暢所欲言，並從中查詢事實與感覺，一旦發掘客戶需求便立馬切入商品行銷。

問句人人會問，但技巧運用各有不同。透過有效的提問可兼具拉近距離與發掘需求的功能，「引導式提問」能在不突兀的狀態下逐步引導客戶回覆預設的問題，而每一個問題都是精心設計而成，一般來說「引導式提問」的問題設計會從生活話題或理財資訊出發，逐步引導客戶回答投資習慣與理財需求。「引導式提問」的技巧找出客戶的理財習慣或是行銷需求，有助於掌握行銷切入點。所以善於使用引導式提問的理專往往能掌握先機，大幅提升成交率。針對四種提問方式概述如下：

＊封閉式提問

封閉式提問是一種聚焦式的問法，問題的回覆只有對錯與是否，這樣的問法比較制式缺乏情感與延伸的機會，多用於確認客戶資訊。例如：

◎林先生您好，請教一下您目前的理財規劃是以保險為主嗎？

◎陳小姐您好，針對這次〇〇銀行提供的子女教育基金專案，不知道是否有符合您的需求？

◎王先生您好，剛剛跟您提到的退休規劃專案，每個月投資一萬元好嗎？

◎林小姐您好，假如每個月投資五千元在定期定額基金，會不會造成太大的負擔？

◎陳先生您好，這次股市破萬點是非常適合獲利出清的時候，俗話說：不要把雞蛋都放在同個籃子裡，建議您把部分股市資金獲利了結後放在定期定額基金好嗎？

＊開放式提問

開放式提問可讓客戶揮灑自如盡情表達，當客戶能自由發揮想表達的想法時，我們才能從中判斷是否有行銷需要的訊息。若僅是使用封閉式提問，將不易從中瞭解客戶的想法。當然開放式提問的設計，一樣必須圍繞銷售的主軸引導，一旦找到行銷的切入點便立即導入商品行銷。常見的開放式提問如下：

◎張大哥您好，請教一下您平時大部分都做哪一方面的投資理財規劃？

◎林小姐您好，您對保險最低稅負制的節稅效果有何看法？

◎陳先生您好，針對這次希臘危機的影響，您有何看法？

◎林先生您好，請教您目前您的退休規劃已經準備好了嗎？主要是以哪一種方式規劃呢？

◎王小姐您好，請教一下您習慣的投資理財標的是保險嗎？還是有其他的投資方式？

＊選擇式提問

選擇式提問主要是提供幾個附答案的選項，讓客戶能從選項中找出最適合的答案。有時在客戶初次見面或是關係尚未建立時，若直接使用開放式提問，部分客戶會擔心個資或個人投資習慣的透露，容易陷入溝通的僵局。

從心理層面來看，此時若以選擇式提問客戶比較容易卸下心防。畢竟「答案」是我們事先設計好的，並不是由客戶口中直接說出，所以比較不會感覺是自己透露出去的。這種提問方式在尚未建立信任關係時可發會效果，例如：

◎林小姐您好，請教您平常習慣的投資理財方式是定期定額基金、股票、定存還是保險？

◎陳先生您好，請教您目前投資理財規劃的資金，每個月大約是五千、一萬還是二萬以上？

◎王先生您好，投資理財的方式有好幾種，請教您比較喜歡積極型、穩健型還是保守型的理財工具？

＊引導式提問

引導式提問是最常使用的行銷方式，其技巧在於引導客戶進入我們預設的情境，透過提問的方式讓客戶提出自己的看法。當客戶勇於表達想法時，就有機會從中找出客戶的投資習慣或是購買需求，進而切入商品行銷。

因爲是透過引導方式進行且由客戶自行表達，比較容易讓客戶進入情境，若搭配「暗示性字眼」的使用，更能相輔相成打動客戶。有一種行銷的方式稱作「6+1問句行銷法」，其概念是結合引導式提問的技巧透過六至七個封閉式問題引導客戶say yes。當客戶不斷say yes認同時，潛意識中也會同步被引導，最後再伺機切入成交。這樣的問句行銷多以封閉式提問爲主，不會讓客戶有太多開放性的回答以免節外生枝，是一種潛意識行銷的有效方式。舉例說明：

■讚美肯定法

◎王先生這麼努力工作為了家庭，一定是非常疼小孩的爸爸吧？（YES）

◎現代疼小孩的好爸爸非常難得，很多年輕爸爸連食衣住行都過得辛苦，更無餘力讓孩子過好的生活是吧？（YES）

◎我想您這麼疼孩子，一定希望他們將來有更好的生活是吧？（YES）

◎那麼您一定認同，孩子未來要有好的出路一定要從小培養是嗎？（YES）

◎我想您這麼疼孩子，一定希望他們將來有更好的生活是吧？（YES）

◎假如有一個子女教育基金的專案，一個月只要提撥一萬元起就可以輕鬆規劃，且可以達到栽培寶貝孩子的目的。依您目前每月八萬元的收入，應該不會造成生活上的困頓吧？（YES）

◎這個子女教育基金的專案，是目前最適合像您一樣是好爸爸的族群，及早規劃滿足您對孩子的關愛又不影響生活何樂而不為？（YES）不知道您一個月規劃預算是一萬還是二萬元？

所謂「掌握人性就能掌握業績」，客戶都是喜歡被讚美肯定的，在尚未建立信任關係前，多使用讚美肯定字句會增加客戶好感。

讚美肯定必須眞誠發自內心，若要打動客戶必須言之有物，也就是要具體、即時、有亮點或是間接透過第三者稱讚。最常稱讚客戶的三句爲「您眞不簡單」、「我很欣賞您」與「眞的很佩服您」，常用讚美肯定的說法如下：

◎林先生您好，您眞不簡單很有保險觀念耶，現在有保險觀念的人不多，不知您之前規劃的保險是哪一種類？

◎陳小姐您好，我眞的很佩服您這麼年輕就開始做退休規劃，現在年輕人知道「現在要爲將來做準備」的人不多了。

◎張先生您好，我很欣賞您對投資理財出手這麼大方，雖然很多人都知道「你不理財，財不理你。」但實際上願意放手去做的人眞的不多耶。

■溝通十大心法

客戶溝通是行銷的一門大學問，溝通技巧與心法很多，必須透過實戰經驗的累積而成。筆者將常用的客戶溝通方式整理成溝通十大心法，能協助大家用最簡單的方式達成溝通的目的。概述如下：

嘴巴甜一點

我們常說「最甜得人疼」，很多客戶都喜歡與嘴甜的理專相處。說話甜一點會讓人感到開心，所以行銷的過程常常要提醒自己「存好心、說好話、做好事」，往往會有意想不到的效果。

說好話的方式要從開頭稱謂開始，客戶的尊稱很重要，祕訣在於「尊敬」、「禮貌」與「親切」，稱呼客戶切勿太過突兀或不得體。談話的過程中隨時可加入讚美或肯定字句，加強說服客戶的效果。常用的方式如下：

◎年紀較輕的客户，通常以◯◯先生、◯◯小姐稱呼。

◎年紀相當或稍爲年長的客户，通常尊稱客户◯◯大哥、◯◯大姐。

◎年紀較大的長輩，通常稱作◯◯阿姨、◯◯奶奶、◯◯爺爺、◯◯阿伯等。

◎對於事業有成的客户可稱作◯◯老闆、◯◯總、◯◯總裁、◯◯理事長、◯◯

會長、○○執行長等。

◎對於專業人士，通常稱作○○老師、○○醫師、○○律師、○○代書、○○會計師、○○法官、○○檢察官、○○校長、○○護理長等。

◎對於達官顯要或是民意代表，一般稱作○○院長、○○部長、○○市長、○○將軍、○○立委、○○議員等。

腦筋活一點

臨場反應有時是客戶溝通的決勝關鍵，好的應對會讓客戶覺得有備而來，在購買商品時也會比較安心。相對的，如果理專在臨場應對上常失誤，或是以不得宜的表現，會在客戶心中大大的減分，更遑論後續的締結成交。

另外在溝通的過程中，要留意客戶的弦外之音。許多客戶不會正面提出想法，必須旁敲側擊找出眞正的意思（需求），才能快速切入商品行銷。例如：客戶說平時只做股票投資，代表此人屬於積極型客戶。若表示都做些定存、買買保險，大部分屬於保守型客戶。瞭解客戶習性與需求，才能「對症下藥」找到適合的商品進而行銷成功。

行動快一點

孫子兵法有云「兵貴神速」，掌握速度便能出奇制勝搶得先機。商場如戰場，談判技巧中先出價的往往也能搶得先機，掌握談判流程與結果。所以在行銷的過程中，必須把握「快、狠、準」的祕訣，切入快速說話精準，行動快一點、業績多一點。

在分秒必爭講求效率的時代，不管是業務行銷或是客戶服務都必須搶得先機，才能帶給客戶更高的信任感得到商機。只要客戶有任何的詢問或是需要服務的地方，甚至行銷的需求點，都必須在第一時間給予滿意的答案，慢了一步就有可能錯失良機或被其他競爭者搶走案件，不可不慎。

效率高一點

業務行銷最注重的是行動效率，任何行銷流程環節都必須讓客戶感受到積極度與努力度，這樣客戶才會放心把案子交給我們規劃。

要展現行銷或溝通效率的方式有二個重點，第一回應要快，當客戶詢問或有疑慮時必須及時給予解答和建議，且這個建議要能解除客戶疑惑或是滿足客戶需求，讓客戶得到實質上的幫助。第二辦事要快，客戶服務或是案件處理必須在第一時間處理完成，並且即時回報客戶知悉，讓客戶能掌握進度提升信心度。

做事多一點

客戶總是喜歡勤快一點的理專，有時候能夠舉一反三，幫客戶多思考需要服務的地方，做事勤快多做一些才能擄獲客戶的心。例如說客戶談到擔心投資風險時，就要幫客戶想到較爲保守型的投資標的，像是台外幣定存、債券或保險商品等，甚至一些購買商品刷卡或高額優惠等也應一併考量在內。

常見一些Top Sales會幫大客戶處理一些業務以外的事情，像是繳交水電費、接送小孩、透過人脈牽線等。多協助客戶一些，相對的也是多創造自己的價值，要知道在行銷的領域中永遠是「高價值創造高價格」。

理由少一點

行銷人常說「客戶永遠是對的」，當遇到客戶抱怨時，千萬不要據理力爭，畢竟這不是辯論大會，不需要爭的你死我活。客戶抱怨的處理原則是「先處理心情，再處理事情。」而處理的目的是爲了後續的行銷商品，所以先傾聽緩和客戶情緒，再引導客戶再次進入行銷的情境。溝通過程中千萬要避免與客戶對槓，激怒客戶情緒。

肚量大一點

行銷過程中難免遇到難以溝通的客戶，不但蠻不講理甚至可能被無理的客戶激怒。要常記得「客戶永遠是對的」，此時必須展現寬宏的包容心與氣度，用愛心與耐心回應客戶的疑慮，不可與之起衝突。

在行銷的實務中，有時「嫌貨才是買貨人」。愈是會嫌棄的客戶也代表他對商品有興趣，只要耐得住性子溝通，最後都能順利成交。還有另一種客戶是爲了考驗理專的專業與氣度，刻意擺出難搞的樣子，當我們和顏悅色的展現專業時，客戶反而更放心將案子交給我們服務。一樣的米養百樣的人，多包容客戶就是多給自己機會，也是多增加收入的機會。

脾氣小一點

人都有個性與脾氣，但在行銷的過程中切勿把個人情緒放在檯面上，任何的不愉快或不舒服必須即刻抛下，切勿因個人脾氣影響行銷的成績。

當遇到客戶的刁難，心情受到影響甚至被激怒時，要提醒自己眼前這位也許會是我們的貴人，假如能成功過考驗一定會成交！

說話輕一點

聲音的技巧在客戶溝通中也很重要，輕盈的聲音會帶給客戶輕快的感覺。試想如果每個人說話的聲音都是粗枝大葉，整個談話空間就會變的喋喋不休的感覺，像菜市場一樣的吵鬧會降低客戶購買的意願。

說話必須輕聲細語且要讓客戶聽得清楚、聽得明白，讓客戶感受到專業與細心，才能增加信任度，進一步談及商品行銷。平時可透過讀報或讀稿的練習增加熟練度，在行銷技巧尚未熟練時可先寫下話術稿，並找同事或朋友擔任客戶演練，久而久之自然會練就流利的口條與優雅的談話溝通技巧。

微笑露一點

所謂「伸手不打笑臉人」，微笑是世界共通的語言，每天帶著笑臉會使人產生愉悅的感覺。相反的，每天板著一張臉或是哭喪的表情，連鬼神都會害怕何況是人。

淺淺的微笑是一種專業的展現，不管客戶是在聆聽或是抱怨，都要養成微笑點頭的習慣。一個小小的動作往往可化解客戶的誤會與尷尬，善用微笑的技巧能帶給行銷意想不到的笑果。現在人生活緊張，情緒控管往往不是很好，微笑就變成最好的人際潤滑劑。畢竟行銷就是人與人之間的溝通，能夠掌握人心便能打動客戶，多微笑多誠懇也會多業績。

三、聲音的保養

不論是電銷或是面銷，聲音就是生財的工具，所以聲音的保養非常重要。坊間有許多聲音保養的祕訣或偏方，本書分為「發聲的方式」、「充足的睡眠」、「適當的運動」與「均衡的飲食」四大要領，分述如下：

■發聲的方式

呼吸的技巧

人的呼吸分為胸式呼吸（淺式呼吸）、腹式呼吸（深式呼吸）與胸腹式呼吸三種，大部份的人都習慣使用胸式呼吸，但適合長時間的說話必須採取腹式呼吸。瑜珈的呼吸方式就是屬於腹式呼吸，用鼻子將氣體緩緩吸入至腹腔，此時腹部會因飽滿微微凸起，接著再緩緩由鼻子將氣排出，腹部會因氣體排出而縮小。中國古代就有所謂的「吐納法」，強調以調息、意守的方法，讓呼吸達到緩、長、均、深，用意志力送氣到肚臍下的「丹田」處。

這樣的呼吸方式符合人體工學，腹式呼吸應用於發聲原理。有磁性的聲音發出的時候，腹式呼吸作爲動力，胸腔則充氣一直保持形狀作爲共鳴器，氣流從上顎後方過來，平穩均勻出口腔。有些人的聲音頗具磁性，祕訣就在這裡。平時鍛煉可以做快吸慢呼，慢吸快呼，慢吸慢呼的練習。所以習慣使用腹式呼吸可柔軟我們的聲音，讓聲音更有情感，也可延長喉嚨的壽命。

發聲的技巧

自古以來聲音是最原始的溝通方式，人類自出生後天生就會使用聲音表達情緒，嬰兒時期會以嘻笑、苦鬧表達內心想法，成人後也會以微笑、怒罵來表達情緒。所以聲音也是行銷能打動客戶的利器，善用聲音技巧的理專更能建立客戶的信任，這是目前行銷領域最新的顯學。

聲音的元素非常多元，筆者概分爲音量、音階、音長與音質四種。聲音的千變萬化來自於這四種元素的混成，了解聲音元素的應用便能透過聲音打動客戶，所以聲音的技巧近年來已成銷售的顯學之一，正確的發聲技巧不但能提升行銷成功率，更能達到保護喉嚨保嗓的效果。針對發聲四元素的說明如下：

◎音量所表現的是大小與虛實，聲音的大小虛實可塑造不同的感覺，音量大常用於命令或主導客戶，音量小則多用於試探或示弱。例如：爸爸叫小孩起床屬主導性口氣，故聲音大而堅實。再如部隊中班長喊口令眾人之口氣，故除音量大而堅實更需宏亮，方能發號施令。

◎音階所顯現的是高低與起伏，高音階代表希望與活力，中音階屬專業的感覺，而低音階有雄渾有力或是悲天憫人的感受。例如：選舉時常使用高音階吶喊，代表活力有希望的感覺。客戶談判時多使用中音階，塑造專業的形象。安慰朋友時會用低音階，表示同情憐憫之心。

◎音長所展現的是快慢與長短，說話快、急通常表示狀況不錯，而說話緩慢拖長有時是狀況不佳的表現。從久未見面的朋友問候可判別，若以快、急的方式問好，表示最近過得充實幸福，但若是緩慢的方式問好，有可能近期諸事不順導致有氣無力。

◎音質所體現的是共鳴腔的運用，一般分為頭部、鼻部、喉部、胸部與腹部共鳴。合唱團的訓練多為頭部共鳴但以丹田的力量發聲，這樣的音質嘹亮動聽。鼻部的發聲易帶給人不舒服的感覺，儘量少用。胸部與腹部的發聲，音質充滿溫暖又稱作肺腑之言，適合在客戶溝通中展現真誠與溫暖。

■充足的睡眠

睡眠是人體保養的重要工作，充足的睡眠能得到充分的休息，並回復工作的活力。筆者提供睡時、睡姿、睡法三要領解決睡眠問題，分述如下：

睡時

現代人工作繁忙，晚睡習慣的人愈來愈多。依照中國自古傳承下來的人體生理時鐘，最適合睡眠的時間是子時（晚間十一時至隔日凌晨一時），而成年人每日應睡足7.5小時。子時人體氣血流至膽，過了子時就轉至肝臟。所以超過凌晨一點就寢的人，肝臟容易發炎，臉上易浮現肝斑，長期晚睡的人健康一定會亮起紅燈。

另外身體都有生理時鐘，除了要有固定的就寢時間，起床的時間也必須儘量固定，否則會打亂睡眠的生理時鐘。假如今天六點、明天八點、後天十點起床，長期下來會感覺頭痛全身不舒服，所以必須養成固定的起床時間，讓自己的生理時鐘維持正常運作，自然達到喉嚨使用的最佳狀態。

睡姿

睡覺的姿勢與睡眠的品質息息相關，常見的睡姿有右側睡、左側睡、平躺睡與趴睡。這四種睡姿都有人使用，但最佳的睡姿是右側睡法，是最符合生理學的睡姿。

人的心臟在胸腔左側，如果習慣左側睡姿，容易壓迫到心臟造成淺睡或易做夢的狀況。平躺睡姿建議在雙腿墊個枕頭，減輕背部的壓力，五星級的大飯店房間都會多放枕頭就是這個道理。趴睡是具危險性的睡姿，趴著睡覺有可能引起背部與頸部的不適，且易造成窒息。右側臥睡可避免壓迫心臟的問題，彎著腿睡如弓能加速入睡回復體力。

睡法

除了睡眠的時間與姿勢外，睡眠的習慣也非常重要。很多人在睡前習慣吃宵夜或做些激烈的運動或是使用3C產品，會導致不易入睡，影響健康也影響聲音的表現。筆者提供幾個幫助睡眠的方法，希望對入睡有幫助：

＊關燈睡覺

生理時鐘是靠外界的光源、溫度來判斷時間，所以關燈睡覺才能準確的建立生理時鐘，增加睡眠品質。

＊關手機、鬧鐘

人體的生理時鐘具有敏感的反應，睡眠中一旦有聲音驚擾，容易引發神經質與焦慮感。最好的方式就是建立自己的生理時鐘，或挑選不刺耳的鬧鐘並把音量關小。

＊精神放鬆

將自己的精神放鬆有助於入睡，例如：睡前泡腳、看書、聽輕音樂可紓解精神壓力。忘掉白天的工作，不要把工作的情緒帶到床上來。

＊晚間散步

每天二十分鐘散步可放鬆全身肌肉，使身體發熱，當身體發熱體溫降下來時，人就會感到釋放壓力想睡覺，洗過熱水澡再睡效果更佳。

＊睡前飲熱牛奶：

睡前儘量避免刺激性的食品，像是不抽菸、喝酒、飲茶、喝咖啡等。研究調查喝杯熱牛奶（溫開水亦可）可幫助睡眠，床頭放杯水可增加房間濕度避免開空調太過乾燥。

＊腳部保暖

雙腳冰冷會影響全身氣血循環，德國霍爾格．海因博士研究女性朋友又比男性更容易冰冷。所以保持雙腳的溫暖非常重要，容易雙腳冰冷的人可穿上襪子或蓋上被子睡腳，讓全身都能保持氣血的流暢。

■適當的運動

每日規律適當的運動有助於心肺功能的提升，能幫出發聲時中氣十足。常見有助於發聲運動如下：

游泳、慢跑

游泳、慢跑是目前非常流行的全民運動，對肺活量、慢性支氣管炎、鼻炎等呼吸道疾病有一定療效，也是最普及又方便的運動。

瑜伽、太極拳

瑜伽和太極拳追求均勻、細、長、深的呼吸，與發聲的呼吸方式相同。身體各部位在運動中的伸展，身心合一融於天地，能提升人體的精氣神。

■均衡的飲食

正確飲食習慣的養成能維持聲音的品質，一般來說少吃油脂類與糖類食品，多吃五穀雜糧與蔬果類食品。三餐飲食宜儘量清淡，鹽多易口乾，糖多亦生痰。另外千萬避免夜間太晚時間吃宵夜，容易造成胃酸逆流，並會刺激聲帶喉嚨造成損傷，眞是得不償失。

筆者提供坊間常用的保嗓聖品，能有效的滋潤喉嚨、保養聲音。分述如下：

澎大海＋蜂蜜

澎大海，又名大海子或通大海（也叫草果），味甘淡、性寒，入肺與大腸二經，有清肺利咽和潤腸通便作用，常用於治療肺熱咳嗽、咽喉腫痛、音啞、熱結便祕等症。蜂蜜含有50%至80%的果糖、葡萄糖，不經消化可直接被身體吸收，含有蔗糖、多糖、蛋白質、礦物質鐵、鉀、鈣、鎂、銅、錳、磷等，有機酸、芳香物質、維生素等營養物質。其性味甘、平、功可補中益氣、潤肺止咳、潤燥、止痛、解讀、矯位、具有補中緩痛、解毒潤燥的雙向性功能，許多中藥物的炮製及丸類藥物的製作，都需蜂蜜的加入達到功效。

將澎大海打碎加入保溫杯中，沖入開水並加入蜂蜜攪拌後即可飲用。具潤喉、防止發炎的功能，也有幫助通便作用，KTV常提供澎大海飲品就是保嗓最佳聖品。

羅漢果

羅漢果素來披著「中華神果」的美名，因爲其功效多元化，包括潤肺化痰、提神生津、增強免疫力、美膚養顏等。中醫師說，眾所週知，羅漢果以清肺潤肺、化痰止咳著名，但羅漢果不僅有此功用。其果皮黑褐色，圓形狀，可入腎，故有滋陰補腎之功，爲經濟有效的補腎潤肺藥。近代研究顯示，羅漢果含有不少微量元素及特殊的抗氧化物質，能化解體內新陳代謝後產生的游離基，防止游離基氧化身體組織，保持身體機能正常運作。因此，羅漢果對便秘、咳嗽、肺熱痰喘、淋巴結炎症等有一定的緩解作用。

市場中常販賣的羅漢果，可切碎含入口中，也可將半粒或一粒打碎後，用紗布包成一小包，丟入保溫瓶中沖泡即可飲用。其功能屬甘味劑，可潤喉並進行自由基清除，也是方便的保嗓聖品。

甘草水

甘草屬於豆科植物，藥用部位是根及根狀莖，晒乾使用者稱「生甘草」，削去外面栓皮者稱「粉草」，生甘草經蜂蜜炮製者，稱「炙甘草」或「蜜草」，「生甘草」常用於消炎止痛，「炙甘草」常用於滋補強壯。「生甘草」能止咳化痰，抗發炎，將發炎的黏膜覆蓋後，以減輕刺激，還能緩和平滑肌痙攣，用於治療咽喉腫痛，咳嗽氣喘等症。其功能主治補脾益氣，清熱解毒，祛痰止咳，緩急止痛，調和藥性。用於脾胃虛弱，倦怠乏力，心悸氣短，咳嗽痰多，腕腹、四肢攣急疼痛，癰腫瘡毒，緩解藥物毒性。

將甘草片放入保溫杯中，沖泡後漱口，對發炎的喉嚨具有溫潤的幫助，平時亦能當作保嗓使用。

麥門冬＋人蔘

在中國最古老的一本藥學著作《神農本草經》中記載人參：「補五臟、安精神、定魂魄、止驚悸、除邪氣、明目、開心、益智、久服輕身延年」。並將人參列為上藥之代表。其味甘、微苦，性平。歸脾、肺、心經。功能大補元氣，復脈固脫，補脾益肺，生津，安神益智。麥門冬又稱麥冬、麥文冬、麥文，其味甘中帶苦，性寒潤無毒。歸脾、胃、心經，具有潤肺養陰、益胃生津、清心除煩反潤腸通便之功效。

人蔘具補氣養精的功能，將麥門冬與人蔘放入保溫杯中，經熱水沖泡後即可飲用。每天飲用可生津補氣、保嗓提振精神，是非常方便的保嗓秘方。

第七章

面銷密技——知己知彼

一、DISC觀人術

本書前面章節有提到，國內DISC運用約十多年前由美國引進，主應應用於金融保險業的適性測驗，藉以遴選出適任的員工。近年來DISC的實務技巧已從原先的性格測驗研發至客戶溝通的層面，又把其精髓更加深化活用，將溝通談判技巧推向更多元的境界。DISC的運用非常廣泛，透過聲音與動作可分辨客戶的行爲模式與個性，再對症下藥使用合適的行銷方式，可事半功倍加速成交的機會。

前章所提DISC的定義，乃針對聲音的判別，但更廣泛地運用可透過客戶的行爲、動作與反應解析內心的個性與想法。D老虎型的客戶通常扮演指揮者（Director），I孔雀型的客戶常扮演說服者（Persuader），S無尾熊型的客戶常扮演支持者（Supporter），C貓頭鷹型的客戶常扮演思考者（Thinker）。針對DISC不同類型客戶個性與行爲分析進一步說明如下：

■D型人

D型客戶主導性強，喜歡權力與挑戰，較不受管控，樂於尋求新的機會，尤其是有所突破創新的機會。此類客戶通常傾向積極型的投資方式，主觀性較強，做事較沒耐性。許多企業主、高階主管、專案經理等都屬於D型人，故儘量提建議讓客戶做決定。

■I型人

I型客戶喜歡交朋友，全身散發熱情活力，口才流利愛表現，需要舞台及被激勵，但情緒起伏比較大。此類客戶能發揮影響力，成爲很好的宣傳者與轉介紹者。

只要掌握其個性取得認同，成爲信任的朋友，便能激勵客戶購買商品，進而尋求轉介紹更多準客戶。

■S型人

S型客戶個性樸實忠誠，有耐心擅長傾聽，能展現專業認同團隊。喜歡按部就班的標準化作業與穩定性，除非有好的改變理由，否則寧可維持現狀。掌握S型客戶穩健、平安就是福的個性，採取保本、保障的規劃方向切入客戶需求，方能順水推舟打動客戶。

■C型人

C型客戶理性重分析，謹慎小心追求完美，講求精準判斷與公平性，具優秀的邏輯思考力，能有條有理的分析。此類型客戶喜歡問爲什麼，想要掌握關鍵細節，有時想的多做的少，但注重品質與精準。此時要掌握C型人實事求是、穩紮穩打的個性，透過可靠的數據與分析說服客戶，當取的客戶信任時就是成交的前兆。

■DI型人

DI型客戶兼具D型人的行動力與I型人影響力，掌握目標喜歡接受挑戰，充滿鬥志散發個人魅力，屬於超級魅力偶像。此型客戶通常較欠缺耐心，個人主義較重，需要舞台與被激勵，更需要目標來挑戰。故須掌握其特性，塑造行銷願景，激勵客戶做決定。

■DS型人

DS型客戶通常爲事必躬親型的主管，因其具領導人的特質與按部就班的執行力，認眞負責、勤奮努力，會主動跟催進度。此型客戶需提供不同的理財方案讓客戶做決定，並需時時回報讓客戶掌握進度，千萬不可讓客戶有不安全感。

■DC型人

DC型客戶具備D型人的衝勁、領導力與C型人的冷靜、分析力，乃優秀的武將與幕僚屬性之結合，謀定而後動，通常爲企業主或高階主管。此型客戶勇於挑戰且愼謀能斷，必須提出精準的分析數據說服客戶，否則光靠行銷話術是難以打動客戶。

■DS型人

DS型客戶具備D型領導人的衝勁與S型按部就班的性格，通常爲事必躬親型的主管。此型客戶勤奮努力、認眞負責，做事堅持到底。需掌握其特性，提供建議方案讓客戶做決定，且每次的投資理財都必須持續跟催回報進度，讓客戶放心關係才能長久。

■IS型人

IS型客戶充滿了熱情的活力，其熱力四射又能持之以恆，故常爲超級熱心的朋友或超級業務。此型客戶需要發揮的舞台及被激勵，討厭他人太過強勢，親切和藹愛面子。只要掌握客戶喜歡交朋友的個性，先拉近距離再談商品行銷，先成朋友再成客戶。

■IC型人

IC型客戶具備I型熱情的影響力與C型冷靜的分析力，注重形象與投資成效，善分析能主導，通常屬於優秀顧問。此型客戶必須掌握善交際的特性先建立良好關係，再以數據分析或確定收益提供實質上的建議，因客戶本身也擅長分析，故資訊提供與應對需謹愼小心。

■ID型人

ID型客戶常自詡爲強力的說服者，熱情有衝勁，喜歡掌握權力、地位與聲望，具領導力與流利口才，擅長氣氛營造與感染他人。因此必須做球給客戶，激發興趣讓客戶握有最後決定權，能提高成交機會。

■DIS型

DIS型客戶具備D型人的衝勁，I型人的熱情與能言善道，加上S型的穩定與持續力，是人人喜歡的好客戶。但此型客戶欠缺的是C型的分析力，耳根子軟容易人云亦云，一不小心容易受騙。故須以誠信的態度提供建議，客戶關係方能長久。

■ISC型

ISC型客戶具備I型人活潑好客，S型人按部就班，C型人理性分析的性格。好溝通能交流，有分析判斷的能力，專業認眞不落人後，對自我成長也有要求。惟較欠缺衝勁與領導力，在做決定時容易猶豫不決。故須先從需求面激發興趣，再以數據分析說服客戶做決定。

■DIC型

DIC型客戶具備D型人積極敢衝的大氣，I型人熱情有勁，C型人邏輯分析的特性。此客戶有勇有謀，只要能提供符合需求的規劃與分析，便有機會打動客戶順利成交。惟因欠缺S型人穩定持續的個性，故有時容易三分鐘熱度，必須打鐵趁熱，透過熱銷方式打動客戶。

■DSC型

DSC型客戶具備D型人領導特質，S型人按部就班的個性，以及C型人善於分析的邏輯。對於這類客戶除了需提供數據分析激發興趣外，由於缺乏I質活潑能言的特質，故此客戶較不健談，外表看起來較爲冷漠，需多主動關懷、展現熱情方能取的客戶信任。

■DISC型

DISC型客戶同時具備D型人的衝勁與領導力，I型人的熱情與親和力，S型人的一步一腳印，以及C型人的精明分析力。此類型客戶通常不是多才多藝十項全能，就是五鼠技窮每樣都會一點但不專精，俗稱「變色龍」型人。回歸「同流才能交流」的原點行銷，與之應對必須更廣更全面，才能伺機找出客戶需求成功行銷。

二、五行觀人術

五行是中國古代的一種物質觀，多用於哲學、中醫學和占卜方面。五行指

「木、火、土、金、水」。古人認為大自然由五種要素所構成，隨著這五個要素的盛衰，而使得大自然產生變化，不但影響到人的命運，同時也使宇宙萬物循環不已。

五行學說認為宇宙萬物，都由木、火、土、金、水五種基本物質的運行（運動）和變化所構成。它強調整體概念，描繪了事物的結構關係和運動形式。如果說陰陽是一種古代的對立學說，則五行可以說是一種原始的系統論。

追朔中國西周末年，已經有了一種樸素唯物主義觀點的「五材說」。從《國語・鄭語》「以土與金、木、水、火雜，以成萬物」和《左傳》「天生五材，民並用之，廢一不可」到《尚書・洪范》「五行：一曰水，二曰火，三曰木，四曰金，五曰土。水曰潤下，火曰炎上，木曰曲直，金曰從革，土爰稼穡。潤下作鹹，炎上作苦，曲直作酸，從革作辛，稼穡作甘」的記載，開始把五行屬性表列出來，推演到其他事物，構成一個固定的組合形式。

在戰國晚期鄒衍提出了五行相勝（剋）相生的思想，且已把勝（剋）、生的次序固定下來，形成了事物之間相互關聯的模式，自發地體現了事物內部的結構關係

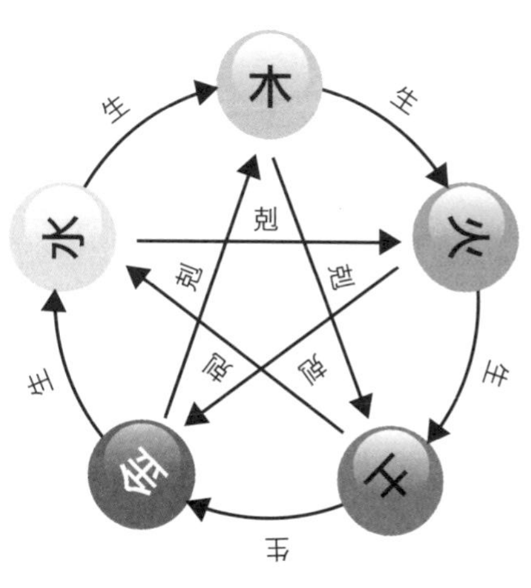

及其整體把握的思想。就在這個時期，《內經》把五行學說應用於醫學，這對研究和整理古代人民積累的大量臨床經驗，形成中醫特有的理論體系，起了重要的推動作用。

到漢代，董仲舒又把五行賦予道德含義，認爲木爲仁，火爲禮，土爲信，金爲義，水爲智，又更廣泛的擴張了五行的運用。

自古以來不論是軍事家、醫學家、命理師皆擅長五行相生相剋之理，其原則如下：

◎五行相剋：金剋木，木剋土，土剋水，水剋火，火剋金。

◎五行相生：金生水，水生木，木生火，火生土，土生金。

近年來五行學說的運用更延伸至行銷領域，行銷的競爭環境帶動「識人術」的崛起，源自於中國傳統的五行相生相剋之理，正好應用在客戶識別與應對。透過五行特性可瞭解客戶本質，進而利用相生相剋的原則對治。掌握客戶心性，便能把握客戶需求。

針對五行「木、火、土、金、水」客戶屬性，一般來說五行分陰陽，代表著正（善）反（惡）二面不同的個性。大部分的現在人生活在功利的社會中，每天接觸爾虞我詐的環境，故多存陰面個性居多，且會同時存有不同屬性（主副）的個性。透過後天教育與個人修持可增加陽面的善良個性，提升心靈的純淨。本書簡述五行人屬性讓大家便於辨別客戶，分述如下：

■木型人

木型人面瘦長而露骨，上寬下窄，面色偏青，身材細高，站立時肩背聳直，走路腳步高壓有聲，說話語音直兒短且齒音重，儀態氣度軒昂，生氣時面帶凶氣，多現青色。

陽木主仁德，正直有主意，做事有擔當，天性好生惡殺，大公無私，心口如一，不盲從有定見，不阿諛能忍辱，行爲端正，悲天憫人，捨己爲人。

陰木性情粗暴，常出言頂撞，個性好陰沈，常因小失大，以私害公，以情悖理，性多偏激，執著頑固，高傲自大，不易接近。且不服人，好毀謗，好抗上，不愛接受意見，不喜人反駁，氣量狹小，不耐激將。

■火型人

火型人面上尖中寬，多豐滿，色偏紅。走路搖擺，行動急速，音尖多破，舌音重，毛髮稀疏，氣度岸然。生氣時面紅耳赤。

陽火主明理，做事光明磊落，通情達理，爲人溫恭安祥，守禮守分，表度有章，聰明謙讓，舉止大方，考慮周詳，高瞻遠矚。

陰火個性急躁多貪，喜愛虛榮，好大喜功，行多狂妄，爭名逐利。心性外明內暗，見人不見己，知進不知退，得理不饒人。常欺老實人，做事追毛求疵，好爭理，喜奉承，可共患難難同富貴。虎頭蛇尾，行多過失，屢改屢犯。

■土型人

土型人面容豐厚多方，色偏黃，背隆腰厚，唇厚，手背厚。行動穩重，語音寬宏，唇音重，氣度沈穩，生氣時面色發黃。

陽土心性信實忠厚，篤誠純樸，寬宏大量，能容能化，勤勞樸素，克盡職責，舉止穩重，言行一致。忠誠待人，交遊長久。

陰土怨疑爲根，個性固執呆板，思想單純，心量狹小，幾近愚直，易上當受騙。寡言少語，好生怨氣，疑心病大，常無中生有，以假當眞，一生多累。

■金型人

金型人面形長方，色偏白，顴稍高，唇薄齒利，身段苗條，眉目清秀，舉止輕靈，氣度活潑，聲音響亮，生氣時面色蒼白。

陽金主義氣，個性豪爽，善交際，善言談。活潑開朗，敏捷果斷，取人之長，知過必改。危難不避，勞怨弗辭，見義勇爲，見德思義，捨身取義。

陰金多虛假，好分辨，喜變更，虛妄不實，嘴甜心苦，冷笑諂媚，巧言令色，

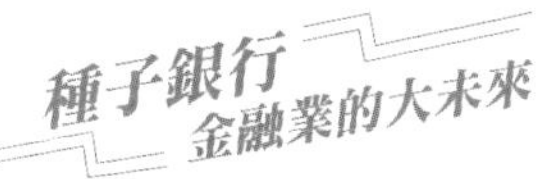

笑裡藏刀。妒功害能，喜聞人過，好言人短，刻薄寡恩。

■水型人

水型人面型多肥，下稍寬，色偏黑，眉粗目大，行動遲緩。說話語音慢而低，喉音較重，氣度和藹，生氣時色發暗。

陽水個性活潑自然，隨遇而安，沈穩雅靜，智慧巧思。恬淡虛靜，涵養深厚，功成不居，個性柔和，智慧之光，無處不照。

陰水性多愚魯，好煩悶，遇事退縮，習慣邋遢，多憂多慮，自卑自棄。好抱屈，喜生回頭氣，優柔寡斷，缺獨立性，處事失機，進退失據，一生多受氣。

客戶之屬性不脫出五行之理，而五行人依外觀形象可判其心性，再依五行相生相剋之理來對治。五行之術自古流傳博大精深，初期學習建議以判別爲目標，透過行銷實戰累積經驗值，自然可看出門道並找到有效的應對方式。

第八章

面銷密技——行銷四大流程

行銷的流程可歸類「寒暄」、「開門」、「切入」與「成交」四部分，從開場拉近距離，到有效提問發掘需求，接著切入商品行銷，在協助客戶找到預算必須按照步驟逐步進行不可心急。若想要一開始就行銷商品容易造成客戶反感，碰得一鼻子灰。

行銷流程的進行必須累積實戰經驗，強化技巧找到「關鍵點」。透過「事件行銷」、「話題行銷」找到談話主題，利用「需求行銷」、「飢渴行銷」創造客戶需求，再用「顧問式行銷」、「引導式銷售」切入商品行銷，以及找出最適規劃預算，創造客戶最大權益。針對四大行銷流程的介紹與實務運用，分述如下：

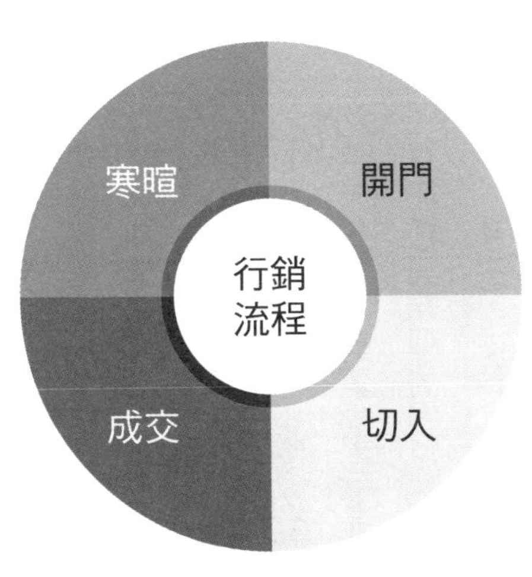

一、寒暄：找話題

客戶見面第一件事就是「寒暄」，行銷最重要的就是取得客戶信任，尤其初次見面的客戶往往會有先入爲主的排斥感，深怕理專一直推銷商品。因此寒暄的目標是拉近客戶距離，而寒暄的最佳方式就是「找話題」。

優秀的理專會善用找話題的技巧與客戶培養感情，「話題行銷」與「事件行銷」便是很有效的開場，透過剛發生的重大事件能喚醒客戶的危機意識，或是激發客戶購買的興趣。保險類的商品最常使用這種方式訴求感性行銷，例如：八仙樂園塵爆和高雄氣爆事件，喚醒客戶對意外保障的需求。一些藝人罹癌過世的新聞，讓客戶感受到提早規劃癌症險的重要。就如同達賴喇嘛所說「意外與明天不知哪個會先到？」風險的產生不是利息可比擬的，別到意外發生時才感到後悔。另外時事新聞也能做爲「話題行銷」，像是中國「亞投行」、「一帶一路政策」、「十三五計劃」與「貨幣寬鬆政策」能帶動客戶對中國基金中長期的規劃。美國近期就業市場回溫，消費市場擴張，**PMI**指數提升加上升息在即，能激勵客戶提早佈局。印度市場佔人口紅利優勢，年度雨季豐沛無虞，加上伊朗輸出解禁國際原油價格下跌，印度基金後勢看好，能吸引客戶趁早加碼佈局。

話題的範圍很廣，除了上述談到「事件行銷」與「話題行銷」的開場方式，從日常生活中也有很多的話題適合做爲開場接觸。最安全也是最普遍的話題就是談「天氣」，天氣的影響非常廣泛，從交通、工作、旅遊、活動都與之息息相關，所以與任何類型的客戶都能搭上話題。

其次，從日常生活的「食、衣、住、型、育、樂」也能衍生開場話題。本書前章有提到，當客戶談到有興趣的話題時，會意猶未盡滔滔不絕的講下去。透過日常生活的議題，從閒聊中找需求，再從需求中找商品及預算。舉例來說，民以食爲天，談到「食」可從美食、烹飪、健康、餐廳著手。客戶可能喜歡美食，注重養

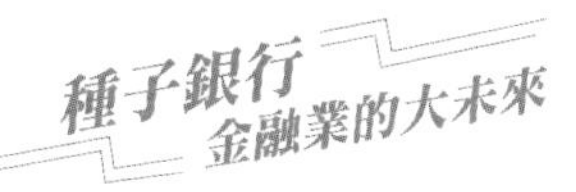

身，對烹飪有興趣，也喜歡光臨各式各樣的餐廳，此時就可將話題由「食」開場。像是最近流行的韓式燒烤，夜市美食，飯店美食或米其林餐廳等，漸漸引導客戶進入理財規劃。

所謂「人要衣裝佛要金裝」，談到「衣」可從服裝、時尚、品味和季節性開始。客戶對服裝儀容都有其喜好，有些人特別鍾情於西裝、洋裝、套裝或休閒服飾，或是對特定品牌服飾有特別的品味，這些都是很好的開場話題。有些客戶對服裝有獨到的品味，例如喜歡穿著三宅一生、亞曼尼、ZARA或UNIQLO的服飾，配戴LV、Hermes、MONTBLANC的精品，這些從客戶平時的穿著打扮就可看出，也是很好的開場話題，畢竟「同流才能交流」。

「住」也是與生活密不可分的話題，從家鄉（老家）、購屋（房貸）到居住環境都是可以閒聊的話題。客戶對家鄉總是存有特殊的情感與回憶，對居住的環境會有心中的期望，對購屋房貸的條件會有特別的想法。每個人心中對住的環境都會有夢想，這些都有助於理專從中找出需求，並切入合適的商品。

生活總是離不開「行」，從每天上下班的交通通勤，出國旅遊搭乘的運輸工具，到平時居家使用的交通工具都是客戶容易關注的話題。客戶到分行最常聊的開場是「怎麼過來的？」，可見從交通就能打開話匣子。部分客戶對車子情有獨鍾，若家中擁有二部以上汽車的客戶，通常也是名車的愛好者，可問客戶開什麼牌子的車。此時多與客戶聊聊自家轎車或車輛保養，都有許多專業話題可引發客戶興趣，再伺機切入投資理財與商品行銷。

教育是每個人成長的必經過程，「育」的話題可聚焦於客戶本身或子女的教育上，談母校、同學、進修或子女教育都是非常容易發揮的議題。尤其人對於母校多存有一份情感，畢竟求學期間一定會有許多甘苦談，若是同校校友更多了一分同質性的回憶。而子女教育問題更是許多爲人父母常談的話題，每個人都望子成龍、望女成鳳，對子女的教育規劃都有一套見解。正好可藉由這類話題引導至子女教育基金規劃，切入商品行銷。

現代人工作壓力大，愈來愈注重休閒娛樂，故可從客戶的興趣、運動、旅遊著手。「樂」的範圍很廣相對的能聊的話題很多，最常談到的就是客戶喜歡的旅遊地點。每年的旅遊商機非常可觀，可見客戶對旅遊景點必有一番想法，故平時要不斷累積旅遊新知，才有話題與客戶分享。近來運動風氣興盛，騎單車、瑜伽、路跑逐步盛行，這也是可談論的話題。再來也可針對客戶個人興趣著手，例如有些客戶喜歡收藏名畫、古董，有的客戶喜歡品嚐美食，有些又喜歡品茗、品酒。重點是理專所學必須更廣泛，才能滿足客戶不同的需求。當取得客戶信任成為朋友時，就有機會從中找出需求，切入商品行銷。

針對不同的對象也有不同的接觸話題，筆者以「退休男性」、「退休女性」、「職場男性」、「職場女性」、「男學生」、「女學生」六種族群分析。針對不同族群喜歡談論的話題也會不同，必須「對症下藥」才能正中核心取得客戶的信任。

「退休男性」族群喜歡專注政治、新聞，也喜談當年勇，所以常與朋友圍在一起泡茶聊當年，也喜歡窩在電視機前討論新聞。這類客戶必須投其所好，針對近期新聞事件做為開場話題，當客戶談當年勇時，則必須專心傾聽，做一個好聽眾。

「退休女性」多半想要含飴弄孫享受退休生活，故喜歡談論兒孫、料理、與電視劇。與這類客戶多談論兒孫的狀況容易得到迴響，可從子女的事業閒聊到孫子的學業。退休生活「柴米油鹽醬醋茶」與電視連續劇也是不可或缺的，與退休女性客戶談論烹飪料理和電視劇情，相信他們會非常有興趣，且會有一套獨特的心得。

「職場男性」當然最在意的是工作話題，所以談論工作是一張保險牌，但須注意如客戶是特殊職業者則不宜深談。除此之外此類客戶也喜歡談論3C、運動、汽車、個人興趣與財金話題，數位3.0時代人人3C科技上手，且3C科技不斷推陳出新，是非常容易切入的話題。近年流行路跑、瑜伽、登山、騎單車、打小白球等運動，當客戶熱愛此道時，除能多聊聊相關話題，也可相約一起參加成為更密切的朋友。或客戶有特殊興趣，像是收藏古董、品茗、品酒等，可與之成爲志同道合的朋友。另外大家熟知「你不理財，財不理你。」財金相關議題也是職場男性常討論的話題，財金話題除了容易接觸外，也方便理專切入商品行銷。惟部分客戶本身也可能專精投資理財，理專平時應強化投資理財專業的廣度與深度，方能提供客戶專業的解析，維繫長久的客戶關係。

「職場女性」多爲財務自主的客戶，多喜歡談論時尚精品、偶像劇、美食、瘦身、星座及旅遊話題。職場女性多屬於新時代獨立自主的客戶，工作收入多用於購買時尚精品來提升身價或慰勞自己，故理專需對服飾、皮件、珠寶精品有所涉獵，方能與客戶有更多的交流。愛美是女人的天性，年輕的職場女性也會在意身材與打扮，矛盾的是對於美食又難以抗拒，所以多瞭解瘦身、打扮與美食也能和職場女性客戶打開話匣子。當然辛苦的工作，每年能出國旅遊犒賞自己也是很多職場女性會規劃的事情。分享旅遊資訊也很容易與客戶拉近距離，惟需先瞭解客戶旅遊的習慣與喜好，方能對症下藥打動客戶。另外年輕一點的職場女性，對星座、命理會有較多的接觸。常見年輕的女性會與同事、朋友討論星座運勢，甚至各大報與連捷運站的免費報都會刊載每週星座運勢。故與職場女性閒聊星座運勢話題是很好的接觸點，更可引導是星座理財範疇，切入商品行銷。

「在學男生」不少屬於宅男、宅女類的客戶，故對3C、動漫、線上遊戲及運動較有興趣。每年的國際電腦資訊展、動漫展及線上遊戲活動，總是吸引許多在學男生的踴躍參加。這類客戶不但參與度高且常深陷其中，網路世代興起3C商品儼然成爲生活的主流，故有非常多的談論話題。另外在學男生多爲熱血青年，對運動或運動明星大都有參與或關注，善用客戶有興趣的議題可加速打開話匣子，與年輕組群打成一片。

「在學女生」多爲情竇初開的少女，在意外貌、喜歡追星，也在意同儕眼光，因此對外貌、同儕、偶像劇、電影和明星有興趣。此時期的客戶對個人形象與感情特別重視，也喜歡追星追求流行，只要能掌握客戶的心性與興趣，便能打入客戶群成爲朋友，進而引導商品行銷。接觸技巧在於先瞭解客戶的喜好，例如：欣賞的偶像是誰，正在看哪部偶像劇或是在意他人哪些眼光等。瞭解客戶喜好後導入相關話題，黏住客戶後再行商品行銷。

針對上述「食、衣、住、型、育、樂」六大生活話題，以及「退休男性、退休女性、職場男性、職場女性、在學男生、在學女生」六大族群話題，茲舉幾個開場範例如下：

◎「食」：林小姐您好，請教一下您平時會自己下廚嗎？大部份都做哪一類料理？有沒有比較實用或簡單的料理可以傳授一下？我真的很佩服會親自下廚的人，您真是多才多藝啊……

◎「衣」：陳小姐您好，請教您對服裝穿著有沒有特別喜歡的品牌？對樣式或顏色有特別的喜好嗎？除了上百貨公司添置服裝，您會嘗試網路購物嗎？會不會擔心尺寸或品質的問題？剛好我也想嘗試網路購物，是否可請您推薦一下購物網站及介紹網購流程……

◎「住」：張先生您好，請問您老家是在宜蘭嗎？國道五號通車後宜蘭變得非常熱鬧？那邊房價現在如何？我一直想帶家人到宜蘭走走，不知道有哪修景點適合，可以推薦一下嗎……

◎「育」：陳太太您好，請問您女兒現在還在北一女唸書嗎？您真的很會教小孩耶，平常都會讓他參加補習班或才藝班嗎？可否分享一下養兒育女的訣竅呢……

◎「樂」：王小姐您好，請問您平常的休閒活動都是看電影嗎？剛上映的「侏羅紀世界」劇情精彩嗎？不知道暑假有哪幾部好看的電影推薦一下吧……

◎「退休男性」：林先生您好，聽說您之前是科技業的高階主管，真的很不簡單耶！像您這樣優秀的主管帶領團隊一定很有一套吧，請教一下團隊管理的祕訣是什麼？另外不知您平時投資理財都是如何規劃的？

◎「退休女性」：陳太太您好，退休後能夠在家含飴弄孫真是幸福啊！現在人找一個好的保母真不容易，有您這樣的媽媽真好。不知您的兒子目前在哪高就？您的退休規劃是如何安排？

◎「職場男性」：張先生您好，恭喜您買了新車囉，人家說車是男人的第二個老婆，相信您一定非常愛惜您的愛車。有了新車付車貸也是壓力，不知您平時的投資理財都是如何規劃？現代人大部份都未能及早做好退休規劃，本行這次針對貴賓提供一檔退休規劃專案，第二年就開始領錢，活得愈久領的愈多，不知道您有沒有興趣聽聽看……

◎「職場女性」：王小姐您好，現在職場女性真的非常不簡單，要工作賺錢又要持家很不容易，更不要說有時間做投資理財。請教一下您平時的習慣的理財方式是以保險或定存為主嗎？……

◎「在學男生」：林同學您好，像您這樣熱血有活力的年輕人都很喜歡看中華職棒球賽，不知您支持哪一球隊？我也常喜歡到棒球場看支持球隊的比賽，不知您最喜歡的球星是哪一位……像我們常去看球賽門票及交通花費也不少，平時就必須不斷累積看球基金，不知平時常使用的理財工具是台幣或外幣定存嗎？……

◎「在學女生」：張同學您好，最近很多朋友喜歡看韓劇，尤其是男女主角都是男的俊俏、女的美麗，不知您最喜歡的是哪一齣？有些朋友還會追星到韓國去朝聖，看看拍片的場景，都是一筆不小的花費。不知您平時習慣的理財方式是定存或保險嗎？……

二、開門：找需求

客戶會買單只有二種情況，「解決客戶的問題」或是「滿足客戶的需求」。找出客戶需求才能對症下藥，常見的方式是透過「保單健檢」或「資產配置診斷」來諮詢客戶的理財缺口。一般可分爲商品配置及資產配置二種，說明如下：

■商品配置

「商品配置」是指同一種類的商品但不同功能屬性的配置方式，常見於保險與基金的行銷。保險商品的種類非常多，有保障、醫療、防癌、儲蓄、年金、外幣、投資型等。「保單健診」的功能在於了解客戶現有的保險規劃，找出「保單缺口」發掘客戶需求。

保險的意義與精神在於人身與家庭的保障，讓個人與家人不用擔心任何的風險發生，所以都會從保障與醫療方面先規劃，以健全基本的風險管理架構。若客戶已有基礎的規劃，則進一步可針對「投資理財」或「退休規劃」訴求，常見的理財型商品爲投資型保險，近期兼具投資與保障的類全委商品接受度頗高。退休規劃大多以年金險、儲蓄險或增額型商品居多，現代人都希望能提早退休，但工作壓力和薪資往往不成正比，必須透過保險的商品幫自己提早做好退休規劃。而金字塔頂端的高端客戶，他們的需求進階成爲節稅訴求，透過保險最低稅負制的優勢可省下一筆爲數不小的稅金。

基金投資也可分爲「積極型」、「穩健型」與「保守型」三種類別，可透過「KYC」或「引導式問句」方式找出客戶投資屬性，再依客戶投資喜好及風險配置建議投資標的，打造一份量身定做的理財規劃。

商品配置必須針對客戶屬性與需求，才能打動客戶，協助客戶做好理財規劃。

而關鍵可從客戶理財缺口或喜好切入，滿足客戶不同的需求。

■資產配置

「資產配置」是指協助客戶做好資產規劃，是全方位的財務規劃，不限於單一商品。在財富管理的領域商品相當多元，於是必須透過專業的財務顧問提供規劃建議。常見的資產配置有台外幣定存、保險、基金、組合型商品、信用卡等，俗話說「不要把雞蛋都放在同個籃子裡」，透過資產配置分散風險，可使客戶投資更加多元，理財更加穩健。

「資產配置」的技巧在於透過多元化的商品協助客戶理財，並做好投資的風險控管。大部份客戶由於對商品熟悉度不夠，往往只喜歡規劃較為熟悉的商品，如此變化分割成特定的客群，例如：定存客群、基金客群、保險客群、股票客群等。此時需要專業的理財顧問協助資產重新配置，將投資理財風險分散，達到多元理財、穩健投資的目標，並非像傳統理專一味推銷特定商品，這也是理財顧問的價值所在。

三、切入：找商品

當找出客戶需求後，緊接著就要切入商品行銷。銷售往往是一種「熱銷效應」，當客戶的需求被激發時，必須掌握「快、狠、準」的原則及「勤跟催」的祕訣嘗試成交。

很多理專可能會問，到底什麼時候該切入商品？要切入哪一檔商品？商品切入的時機點在於「購買訊息」出現的時機，而切入商品必須針對客戶的興趣或需求而定。什麼是「購買訊息」呢？當與客戶的溝通中有下列詢問是便是「購買訊息」，代表客戶對商品產生興趣。提供幾則常見的客戶「購買訊息」如下：

＊詢問有無贈品

當客戶詢問參加後有無贈品時，代表心中已經認同商品，只是想要多要一些贈品（附加價值）。此時應緊抓客戶，提供一些加值回饋或服務讓客戶感受到尊榮，便能切入商品行銷。

＊詢問繳別、繳法、可轉帳或刷卡嗎？

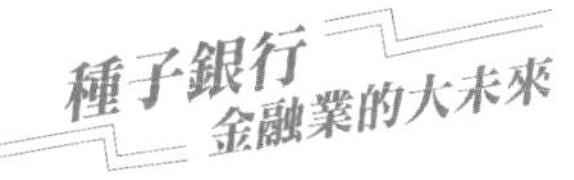

客戶在問商品的繳費方式代表離成交更進一步，只再考慮如何繳款而已。此時必須先瞭解客戶期望的繳費方式，協助客戶找出最有利的方案，別忘了最後必須嘗試促成喔！

＊詢問理賠事宜及諮詢窗口

客戶詢問保險理賠事宜或商品諮詢窗口，表示已經考量到未來的服務面，這也代表可能已經有參加的想法，只是想瞭解後續服務內容。此時應詳細告知客戶後續服務資訊，讓客戶放心參加專案，並適時切入成交。

＊詢問有無折扣或特別優惠

當客戶詢問有無優惠折扣時，代表已經有意願參加但想要爭取多一些優惠。若無法提供價格的優惠，可從服務面和附加價值的優惠著手，至少讓客戶覺得有拿到一些好處。

＊詢問如何參加或其他家人、朋友可以參加嗎？

有時理專會以專案通知來聯繫客戶，若客戶詢問如何參加或其他家人、朋友可否參加時，代表客戶已有強烈的參加意願，並想邀請親朋好友一起參加。

這時候必須以「貴賓邀約」的角度歡迎客戶「引薦」親友加入，把面子做給客戶在切入邀約其他準客戶。由「轉介紹」參加的客戶通常促成率與忠誠度較高，可要好好把握這個機會呢！

＊詢問售後服務，由誰來服務？

客戶詢問售後服務及誰來服務，表示內心已打算參加，會想先瞭解誰可以做好後續的服務。此時更要展現服務的熱忱，拍胸脯讓客戶放心把案子交給理專，並適時切入成交。

＊詢問如何贖回，契約變更如何辦理，找誰辦理？

同理，客戶詢問如何贖回，契約變更如何辦理，找誰辦理時，代表心中可能已有決定，想知道後續契約相關事宜誰可以協助處理。此時必須讓客戶放心，要清楚地告知契約後續相關流程及辦理窗口。當客戶消弭心中疑慮時，在積極切入成交。

＊詢問何時領回

當客戶詢問保險金或獲益何時領回時，可能還在評估商品的價值與功能。此時必須強調領回的即時性與方便性，讓客戶覺得很快、很容易或很輕鬆就能領到，才有機會嘗試成交。

＊詢問何時領到保單、郵寄地址、繳費證明

客戶詢問何時領到保單、郵寄地址或繳費證明時，代表已經想到後續服務的事情。這離成交又更一步，必須趕緊切入、嘗試成交。

＊詢問多少錢、如何繳、繳多久？

如果客戶詢問多少錢、如何繳、繳多久，代表客戶對商品已產生興趣，只是考量預算規劃問題。此時要讓客戶感覺能「輕鬆擁有」，善用「暗示性字眼」的引導技巧就能發會功效。

四、成交：找預算

所謂「財不露白」及個資法的推行，現在客戶對個人財產大多不願讓人知道，或是回答的謹慎保守。此時必須透過旁敲側擊的方式「覺察」客戶的實力，我們常說「魔鬼總是藏在細節裡」，透過細部的觀察可判斷客戶的狀況。畢竟現在沒錢的人裝有錢（打腫臉充胖子），或是有錢的人裝沒錢（謹慎小心）的狀況太多人。筆者提供八大判別的方式，可協助理專精準判斷客戶財力，分述如下：

＊穿著打扮

所謂「佛要金裝、人要衣裝」，每個人都有一套專屬的穿衣哲學，但大部份的人都會評估自己的經濟實力，所以從客戶的穿著打扮可簡單判斷其經濟狀況。

若是常穿著高檔服飾或訂做服飾，表示客戶財力狀況不錯。若是客戶打扮簡樸，服裝看似經歷多年風霜，通常表示客戶經濟較爲緊縮或生性節儉。當然也有可能是客戶刻意所爲，避免讓人看出其經濟實力，這就要搭配其他的條件來做判別。

＊配件行頭

除了衣著服裝外，客戶身上的配件行頭也是可觀察的部分。一般來說我們會從客戶身上的配件看起，像是手錶、項鍊、戒指、耳環、皮帶、皮包、公事包等著手。

每位客戶的品牌認同度皆不同，穿戴品的等級亦不同。從客戶的配件可觀察其財力與品味，進而提供不同的規劃建議。行頭較高檔的客戶通常財力較爲豐厚，可採取積極規劃方式。反之若客戶配戴飾件較爲普級，則建議保守規劃。

＊工作職業

客戶職業是最容易判別經濟狀況的方式，不同職業、職位大致行情皆容易搜尋的到。所以理專要先以「引導式問句」詢問客戶的職業、上班的公司、職位和年資，再判斷其薪資水準，做爲理財規劃的依據。

＊公司環境

筆者從事業務行銷工作時特別喜歡到客戶的公司或住家拜訪，原因部分客戶喜歡隱藏實力，最常聽到客戶表示「家境小康」。若能到公司拜訪可觀察其公司規模發展、職位高低與經營狀況，更能精準掌握客戶實力。

＊居家環境

除了到客戶公司拜訪外，觀察居家環境也是很好的方式。有些客戶上班時間不方便見面，這時我們可主動提出到客戶家中拜訪。

爲了降低客戶擔心被打擾的戒心，通常會告訴客戶只耽誤五到十分鐘，但往往一坐下來話匣子打開都能聊上許久。除了談專案內容外，更重要的先觀察家中陳設與裝潢，判斷客戶的經濟能力。有時客戶表示家境小康，卻坐擁豪宅或家中擺設皆爲精品、古董，就可判斷其「爲富不欲人知」。畢竟家是每天忙碌後的依靠，由居家環境判斷更能瞭解客戶的眞實狀況。

＊個人興趣

只要是人都喜歡投資在個人興趣，例如：喜歡爬山、路跑的人就常參加登山健行和路跑活動，喜歡玩車的人常會組成車友俱樂部，喜歡打高爾夫球的人假日常會去打小白球，喜歡美食的人常會邀請好友品嚐美食。

從客戶的個人興趣中能看出消費的實力，藉以判斷客戶的經濟狀況。每一項興趣活動皆有不同層級的消費，若屬於高消費的興趣代表客戶經濟層級較高，反之若屬低消費的興趣代表客戶經濟層級較低。

＊交遊人脈

俗話說「物以類聚」，什麼樣的人就會交什麼樣的朋友，所以從客戶的交遊人脈可判斷經濟狀況。有時在閒聊的過程中瞭解客戶的交遊狀況，若是屬於上流社會族群，代表客戶本身也深具實力。反之若客戶的朋友多是市井小民，可能本身也屬於較爲樸實的客群。

＊網路搜尋

現在是網路世代，透過網路搜尋可找出許多意想不到的資訊。許多客戶都有使用Facebook、微博、部落格等社群網站的習慣，只要上網搜尋即可找出客戶相關往來記錄，從中找出能判別的資訊。

哪些資訊對我們有用？從客戶的個人資料、專業與交友往來可看出客戶的水平與興趣，從發表的言論可看出客戶的思維，從公司與工作狀況可看出客戶的發展，從休閒娛樂可看出客戶的喜好。透過網路搜尋可見微知著瞭解客戶的屬性與狀況，提供理專規劃的依據，這是一種既簡單又有效率又省成本的好方法。

第九章

面銷密技——反對問題處理

在行銷流程中很多理專都擔心客戶的反對問題，其實「嫌貨才是買貨人」，有時客戶的反對問題反而是成交的跳板。重點是要能掌握客戶拒絕的原因，才能見招拆招成功行銷。

處理反對問題之前，我們必須先瞭解反對的原因。經統計客戶反對問題產生的原因：有55%是不信任、20%是不需要、10%適不適合、10%客戶表示不急、另有5%是其他原因。從此可看出客戶的成交關鍵就在「信任」，常可發現當客戶信任度足夠時，甚至可跳過商品介紹直接談規劃預算。所以取得客戶信任是行銷的重要關鍵，反對問題處理亦然。

本書先從異議處理的態度於能力著手，再分享筆者十多年經驗獨創之FAGC意義處理技巧，以及十大反對問題解析。希望透過結構式的回答消彌客戶疑慮，激發客戶興趣並嘗試成交。

一、異議處理的態度與能力

異議處理的技巧須先從態度與能力著手，有正確的處理態度再加上應對的能力才能有效處理客戶的拒絕。異議處理應有的態度如下：

＊每個人都有拒絕被推銷的權利與情緒

很多人在被拒絕時總是想著「爲何要拒絕我？」，殊不知每個人都要拒絕被推銷的的權利與情緒。試想我們自己接到行銷電話不也是常拒絕對方嗎？其實只要認清這點，用平常心面對，有時反而會有意想不到的效果。千萬不要遷怒客戶，不但會失去行銷機會還易造成客訴，反而得不償失。

＊拒絕可能是排斥您的推銷方式而不是商品

客戶的拒絕也有可能是不喜歡行銷的方式而不是商品，現在人常接到行銷電話，我們會發現每位行銷人員的技巧不同，客戶聽起來的感受也不一樣。行銷第一印象很重要，尤其客戶關係尚未成熟時，更要謹慎行銷方式，先拉近客戶距離再切入行銷。當取得客戶信任後，商品行銷就變得輕而易舉。

＊拒絕可能是當下的反應，不代表永遠拒絕

客戶的拒絕有時只是當時的反應，例如：有人一聽到保險心中就築起一座高牆，有人一見到業務員就起排斥之心。但這一切都只是當下的情境，不代表永遠會拒絕。所以反對問題的處理就非常重要，必須找出客戶拒絕的眞正原因，才能見招拆招打動客戶。

＊拒絕可能是客戶尚不了解商品的好處

行銷也是溝通的一種，溝通的關鍵在於觀念的傳達，所以由觀念切入商品才能讓客戶了解商品的好處。客戶的拒絕常在於不了解商品的優點，或是沒有掌握需求讓客戶「想要」，所以必須透過有效的反對問題處理創造客戶的需求，達到行銷的效果。

＊拒絕可能只是一種反射動作

在競爭激烈的金融業，常常面對各式各樣的行銷，有時一天下來面臨電話行銷、路邊行銷還有面對面銷售。每天在不斷的行銷疲勞轟炸下，客戶已練就把拒絕當成反射動作的功夫。此時更要以平常心慢慢化解客戶疑慮，用「引導式銷售」逐步打動客戶。

＊拒絕是行銷的開始，有拒絕才有接受

我們常說「嫌貨才是買貨人」，客戶的拒絕可看作成交的開始。當客戶對商品有興趣時，有時會刻意挑毛病或問問題，無非是希望多了解商品或爭取更多的好處。此時必須找出客戶的癥結點，消弭客戶的疑慮再度嘗試成交。

＊處理反對問題是為了促成而不是贏得辯論

理專最常犯的毛病就是和客戶「爭辯」，要知道反對問題處理可不是辯論大會，即便你贏得論點卻可能輸了case。人都是愛面子的，可別爲了逞一時之快得理不饒人。一般來說「開發新客戶的成本是經營舊客戶的七倍」，反對問題處理的精髓是透過有效溝通促成案件，而不是贏得辯論，我們必須要有這樣的認知。

＊反對問題處理於行銷流程中隨時可能派上用場

行銷流程「寒暄、開門、切入、成交」中，客戶隨時都可能會拋出反對議題，所以「反應力」非常重要。要能隨機應變才能化解客戶疑慮，這必須從平時就要練習。從細微處觀察客戶動態，覺察客戶的疑慮與需求再伺機切入商品行銷，才能化危機爲轉機得到客戶認同。

＊處理反對問題後一定要嘗試促成

上述有提及反對問題處理不是辯論而是爲了促成，所以千萬不要在客戶疑慮解除後便收手，反而應該更積極激發客戶興趣，再度嘗試成交，讓反對問題的處理導入行銷的目的。

反對問題的處理除了上述應有的態度外，更往往是臨場的反應，與客戶當下的感受度，決定是否有機會切入商品行銷，這部分則屬於客戶溝通的範疇。爲有效提升客戶溝通的效能，需具備下列四種能力：

＊識人力

成功的行銷必須先洞悉客戶心理，在行銷之前須先了解消費者行爲，在競爭激烈的業務市場中，「識人力」已逐步成爲行銷的顯學。

識人力的精髓在於「見微知著」，從聲音、型態、行爲、表情及談話內容來判斷客戶的屬性與內心眞正的想法。本書提供「聲音技巧」、「DISC識人術」和「五行觀人術」的訣竅，希望能幫助理專在短時間內有判斷客戶的能力，進而見招拆招、正中核心。

＊自信力

經統計客戶提出反對問題的原因有55%是因爲「不信任」，尤其是初次接觸的客戶，心中總是先起了防備心，導致後續溝通不良，而「自信力」便是增加客戶信任的關鍵。

常見一些理專面對初次接觸的客戶時，面露靦腆語帶心虛，說起話來扭捏不踏實。這樣客戶聽起來會沒有信任感，即便是再好的商品也會讓客戶感覺沒信心，尤其現在詐騙集團愈來愈猖獗，甚至有些客戶還會擔心被詐騙。所以建立理專的信心非常重要，在客戶溝通的過程中稍微把語調提升一點，在氣勢上要能取的主導權。這樣的溝通方式才能讓客戶感到踏實，進而達成成交的目的。

＊反應力

在反對問題的處理過程，「反應力」扮演了非常重要的關鍵，剎那間的應對就會決定成王敗寇。客戶的拒絕往往來得突然又快速，如果在第一時間無法有效化解客戶的疑慮，便無法再進一步切入成交。

眞正的高手總是善用「引導式銷售」的技巧，透過暗示性字眼一步步引導客戶接受我們的建議，而不是單一點對點的處理方式。這就是筆者提出的FAGC結構式的反對問題處理精神，本書後面便會針對十大反對問題以FAGC的方式示範，只要理專持續練習，假以時日便會功力大增、脫胎換骨。

＊親和力

客戶的第一印象很重要，而又以「親和力」爲最。很多客戶會選擇較爲「順眼」或「談得來」的理專，仔細分析會發現這些理專的共通特質就是極具親和力，所以「親和力」就是面對客戶的重要關鍵。

大部份的理專親和力來自於天生具備，但其實也可以靠後天的努力培養親和力。許多電銷人員桌上都會放一面小鏡子，主要原因是時時提醒自己要微笑，而微笑就是世界共通的語言。面對客戶時多展現微笑與熱情，加上說話溝通的技巧，以及客戶有興趣的接觸話題，便能展現動人的親和力。

二、FAGC異議處理技巧

針對理專最擔心的客戶反對問題，筆者根據十幾年的業務經驗研發出FAGC異議處理技巧（Follow、Agree、Good、Close）。這種技巧不只是點對點的回應，而是結合「催眠式銷售」和「引導式銷售」的精神，從消費者心理出發，使用結構式的方式引導客戶接受提案。FAGC將反對問題的回應技巧大幅提升，由點到線到面環環相扣、層層引導。

FAGC的技巧與行銷流程的技巧不謀而合，寒暄時必須Follow站在對方的角度追隨客戶的議題讓客戶認同，這是換位思考的技巧。開門時必須善用Agree「認同、讚美、肯定、關懷」八字眞言，加深客戶正向的好感與同理心。切入時必須再次提到Good商品的特色，聚焦在三個以內的重點，再次激發客戶的興趣。成交Close時可善用「假設性成交」和「二擇一法」，引導客戶進入預設的情境。FAGC

技巧由點到線到面結構完整，技法運用變化無窮。針對FAGC流程的個別技巧分述如下：

■Follow追隨客戶提出的問題與議題

世上最不易被客戶拒絕話術就是「順著客戶意思」問問題，有一種有效的行銷技巧叫做「YES行銷法」，只要讓客戶不斷認同say yes，就有機會更進一步嘗試成交。所以我們必須在一開始就製造讓客戶認同的話題或問題，引導客戶走完行銷流程，最好的方式就是針對客戶提出的反對問題延伸引導。Follow的精髓就是追隨客戶提出的問題與議題，由於是追隨客戶的意思，所以客戶也很難拒絕。

案例一：客戶希望理專先寄DM，我們可以這樣說「您是希望先看過DM再來討論是嗎？」由於這是客戶自己提出的議題，也無從反對只能認同，如此便能延伸行銷。

案例二：客戶表示不需要，我們可以這樣說「您是因爲已經有理財規劃或服務人員，所以覺得不需要是嗎？」同理因循客戶提出的議題，正可順勢而爲讓客戶認同，使行銷的延續下去。

案例三：客戶希望理專先與秘書聯繫再來討論，我們可以這樣說「您是希望先與秘書聯繫，再安排時間討論是嗎？」以尊重客戶、順應客戶的回應方式，較能取得客戶認同也讓客戶無法拒絕，便能伺機再次切入行銷。

所以FAGC的Follow便是反對問題處理的key point，在第一步就取得客戶的認同，便能掌握先機進行後續的激發興趣與商品行銷動作，此技巧必須不斷練習、活化運用。

■Agree讚美、肯定、認同、關懷

經由第一步驟Follow取的客戶認同後，緊接著必須再加強激發力道，Agree的讚美技巧就能發揮功能。Agree的技巧必須人性的需求點，善用「讚美、肯定、認同、關懷」八字真言，讓客戶感受到正面的加持力量。而這八字真言的運用，必須把握客戶反對問題的話題，依照客戶心理需求切入，才能發揮真正的效益。一旦激發起客戶興趣，便能再接再厲切入商品優勢。茲舉Agree案例如下：

案例一：客戶表示想先看過DM再來討論，我們可以這樣說「您是說想先看DM再說嗎？您眞是一個做事用心謹愼的人啊」。本來可能是客戶的反對問題，經過讚美、肯定後將會軟化態度，便有機會再次介紹商品的優點。

案例二：客戶表示已經有做投資理財了，我們可以這樣說「您是說本身有在理財是嗎？您眞是一個有理財觀念的人啊，不知您之前規劃的理財商品哪一部分比較多？」藉由讚美、肯定和關懷讓客戶卸下心防，並探索客戶的理財配置尋求商機，這是一種「反守爲攻」的行銷技巧。

案例三：客戶表示工作很忙沒時間見面，我們可以這樣說「您是說目前工作繁忙無暇理財是嗎？這代表您事業成功啊！俗話說你不理財、才不理你，事業成功的人更需要專人協助理財，這也是我邀約您的目的。客戶忙碌往往是拒絕的藉口，但若能借力使力，先讚美客戶告知理財的重要，再進行邀約動作，便能事半功倍。

Agree的技巧在於銜接Follow的議題，再次激發客戶的興趣，也會接下來的商品優勢行銷鋪陳。當我們熟練其技巧時，會發現FAGC的架構環環相扣、前後呼應，能化被動為主動將反對問題迎刃而解。

■Good陳述商品優勢與特色

在前二步驟激發客戶興趣後，接下來要加深客戶對商品的好感，所以必須再度陳述商品的優勢與特色。反對問題的處理無非是希望化解客戶的疑慮並嘗試成交，而在嘗試成交前須再度強調商品優勢與賣點，讓客戶「有感」。

Good的陳述技巧在於「呼應」、「銜接」客戶之前拋出的議題，針對激發後的需求點強調商品的賣點，並提示客戶專案的優惠，這樣更能貼近客戶的需求而不易再度被拒絕。為更有效打動客戶，Good的話術中必須藏有許多「引導式問題」和「暗示性字眼」，茲舉例如下：

案例一：○○銀行這次推出的貴賓退休規劃專案，從第二年就開始輕鬆領錢（暗示性字眼），活得愈久領得愈多，就好像提早幫自己準備一個終生俸一樣（暗示性字眼），而且好多客戶都參加，您不覺得很讚嗎（引導激發）？

案例二：○○銀行這次推出的貴賓獨享專案，只有通知到的貴賓才有（暗示性字眼），每月定期定額穩健投資，能輕鬆爲您累積財富（暗示性字眼）。更重要的是現在還有終生手續費三折的超級優惠喔，先搶先贏眞的非常划算（引導激發）。

案例三：○○銀行這次針對貴賓推出的保險專案，是兼具保障與投資，每天只要少喝一杯咖啡就能輕鬆規劃（暗示性字眼），以後有任何的需要都由我爲您精心服務，是最適合您的專案喔（引導激發）。

Good的功能在承襲Follow與Agree引導激發創造出的需求點，用「引導式問句」和「暗示性字眼」強化客戶的興趣，這也是「催眠式銷售」的精髓。當客戶的興趣被引發後，就能進一步談到預算或邀約嘗試成交，進入FAGC最終階段。

■Close嘗試促成

FAGC的最終階段就是Close嘗試促成，所謂養兵千日將畢其功於一役，Close階段是成交的重要關鍵，最常用的方式爲「假設性成交法」及「二擇一成交法」。

顧名思義「假設性成交法」是以預設立場嘗試成交，通常在談過商品賣點後，若客戶未持反對意見，則進一步假設可能成交。理專便可詢問客戶預算，請客戶填寫相關文件準備送件。有時客戶在前面流程已產生興趣，於是在半推半就下，也在不知不覺中成交，這便是假設性成交法的技巧。

而「二擇一成交法」的精神來自於引導式銷售，將客戶思考的範圍聚焦在二個重點，便無從天馬行空去其他的問題，正可依據客戶的回應收網成交。在行銷收網時切記不可使用開放式問題，例如若詢問客戶習慣的理財方式，得到的答案可能有基金、保險、定存、股票、不動產、古董、威力彩等各式各樣的答案，但不是全部都能承作。所以必須聚焦在商品重點，在幫客戶找出適當的規劃預算方能成交。不論約訪客戶或直接成交都可用此幾巧，茲舉例如下：

案例一：陳小姐，請問您明天下午或後天下午比較方便？（二擇一法）這個專案眞
的非常適合您且很多客戶喜歡，當面說明會比較清楚。

案例二：林先生，請問您覺得規劃預算每個月五千元還是一萬元比較符合您的需求

（二擇一法）？大部份的客戶都是選擇每個月規劃一萬元，像您這樣事業成功的貴賓應該不是問題吧？

案例三：張老闆，這個專案兼具保險與儲蓄，是最適合您的規劃，使用本行信用卡參加另有1%的優惠，眞的很划算喔！假如沒問題的話，我先送每個月規劃二萬元的案子，不足的部分後續可再增加，保單下來時我會親自送過去跟您說明（假設性成交法）。

Close技巧是FAGC的最後成交關鍵，先前的佈局皆在此階段畢其功於一役，所以必須格外謹愼嘗試成交。FAGC的概念乃筆者十幾年行銷經驗精華大成，此架構環環相扣、前後呼應，必須搭配大量的「實戰經驗」才能練就火侯。期許理專們能把握FAGC原則多加練習，假以時日必能成爲TopSales。附上FAGC架構圖如下：

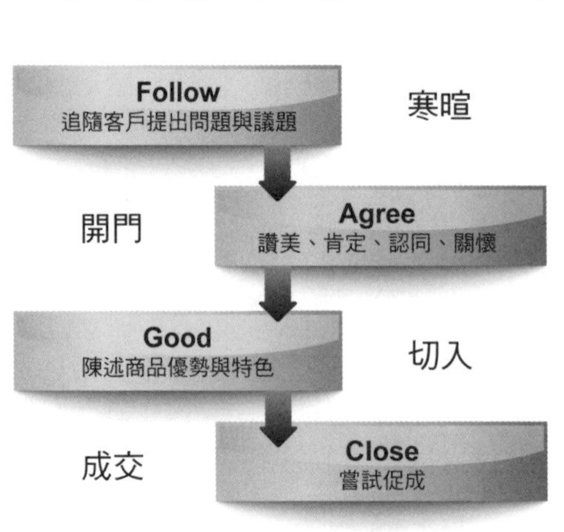

三、十大邀約反對問題解析

爲進一步協助理專掌握客戶的反對問題，筆者提供行銷常見十大邀約反對問題，並使用FAGC技巧實戰解析。希望能幫助理專解決困擾的反對問題，更熟悉FAGC技巧的應用。針對十大常見反對問題，筆者以一般的點對點回應方式和FAGC結構式的回應方式舉例比較，讓讀者更清楚二者的差別。分述如下：

1. 我不需要，謝謝。

客戶爲了省去不必要的麻煩，最常脫口而出的反對問題就是「我不需要，謝謝。」希望讓理專卻步知難而退，但細思其動機，未必是眞的不需要，只是推託之詞。所以必須重新建立客戶信心、激發興趣，方有機會再次切入商品行銷，透過FAGC的技巧可再次創造客戶需求，達到行銷的目的。比較一般點對點回應與FAGC結構式回應方式如下：

一般回應：

◎大哥，這個商品真的很棒耶，您一定需要啦，您再考慮一下吧……

解析：不斷以形容詞陳述商品很棒，強力推銷的方式往往造成客戶反感。行銷來自於客戶興趣的產生，畢竟誰都不希望被強迫。

◎大哥您聽看看嘛，給我一個機會不會花您太多的時間，聽完您一定會喜歡……

解析：在與客戶關係尚未建立時，希望客戶給個機會無異緣木求魚，更不要保證聽完一定會喜歡，萬一客戶不買單反而會認爲理專一張業務嘴，信任度大打折扣。

FAGC回應：

◎您是說不需要是嗎（Follow追隨議題）？是的，我了解您的想法！（認同）

◎向您這麼有責任感的成功人士，一定早就做好理財規劃。（Agree讚美）

◎○○銀行這次針對像您一樣優質的貴賓，提供一檔專屬的退休規劃專案，只要繳費六年自第二年起開始領錢，活得愈久領得愈多，好像提早幫自己準備一個終生俸一樣，您不覺得很棒嗎？誠心誠意邀請您來分行當面說明，第一次見面我請您喝杯咖啡，當面說明比較清楚。（Good誘因）

◎不知道您明天或後天時間比較方便？我會親自接待，您免等免排隊喔……（Close促成）

像這樣常見的反對問題，若以傳統方式應對恐不易讓客戶放下戒心，不斷吹說商品反而會造成客戶反感。依FAGC的技巧，先Follow客戶反對問題讓客戶認同，再Agree讚美客戶讓客戶開心，接著Good使用暗示性字眼再次提示商品賣點，並激發客戶興趣，最後再用二擇一巧讓客戶選擇見面的時間，且持續塑造客戶專屬服務的尊榮感。二者比較不難看出FAGC結構式的反對問題處理方式，能夠過引導暗示的技巧讓客戶逐步卸下心防，大幅提升成交機會。

2. 我很忙，先寄資料給我就好。

有一定比例的客戶喜歡請理專寄資料就好，但資料寄過去卻往往等不到回應，可見這是一種推託之詞，切記謹寄資料而無後續動作。有一種方式是先答應寄資料給客戶，但二天後再與客戶聯繫追蹤，確認是否有收到及不清楚的地方。從服務面著手，較不易被客戶拒絕。

實務上即便以服務切入，仍有客戶表示沒收到或沒空看，導致理專找不到施力點進行銷。所以更積極的作法，並須透過FAGC的反對問題處理技巧激發客戶興趣，創造「見面的價值」，才能反守爲攻成功行銷。FAGC技巧應用如下：

一般回應：

◎好的，待會我就寄給您，請問您的郵寄地址是……

◎OK，請問要寄到您家裡還是公司地址？您看完後記得要跟我聯絡喔……

解析：通常客戶以寄資料作爲反對問題時，「打哈哈」的成分多，如果我們把他當眞便將落入深淵了無生機。常有理專興沖沖的把資料寄給客戶，卻遲遲得不到客戶的回應，就是因爲沒有激發客戶興趣及後續動作才會石沈大海。

FAGC回應：

◎大哥，您是希望先看過DM後再來討論是嗎？（Follow追隨議題）

◎像您這樣希望先看過DM再來討論的人，做事一定非常用心謹愼吧！（Agree讚美）

◎這次的專案是○○銀行從百萬客戶中遴選最優質的客戶，提供量身定做的理財規劃，能親自說明更能顯出您的尊榮，有任何問題的話當面說明比較清楚。

（Good誘因）

◎請問您明天或後天比較方便？第一次見面想請您喝杯咖啡認識一下，並說明這次專案的好康，相信您一定會喜歡。（Close促成）

客戶會希望先寄資料再說，有可能是基於不想傷害理專的敷衍之詞。若不重新點燃客戶的興趣，必定無法更進一步。所以必須先Follow順應客戶的反對議題，讓客戶sayyes，再來Agree讚美一下客戶的用心謹慎，Good再次強調專案的專屬性與尊榮感，最後Close再以二擇一法邀約客戶喝咖啡，並說明專案的好康。

3.有什麼事情找我的祕書就好

理專偶爾會遇到企業主或高階主管客群，這類金字塔高端客戶有時會推出秘書或特助做爲擋箭牌，目的是讓人知難而退。偏偏這種財力雄厚的客戶又是「兵家必爭之地」，不易接觸但出手大方，所以必須掌握客戶需求再次激發興趣。

依照理財金字塔的架構基層客群訴求的是風險保障，必須聚焦財務安全與人身風險，保本、保障商品能滿足需求。中產階級客群需要的是投資理財，講求財務獨立與投資風險，儲蓄投資與退休規劃最對胃口。高端菁英在意的是財富傳承，尤其財務自由與稅務風險，故除投資獲利外更在意稅務規劃（如下圖所示）。基於上述論點，面對金字塔高端客戶必須投其所好，讓客戶了解能幫助什麼，要知道「高價值才會創造高價格」。

一般回應：

◎您是說先找秘書是嗎？可否提供秘書的聯繫方式，我再另約時間……

◎這樣啊，那就不好意思打擾您了……

解析：通常遇到高端客戶，一種理專自知難以接觸便直接放棄，另一種理專會按照客戶意思與秘書聯繫。不論採取哪一種方式面對皆難以收到成效，原因是高端客戶因地位崇高，往往在心中先築起一道高牆，必須先打破這道藩籬才有機會進入客戶心房。

FAGC回應：

◎王總，您是說先找秘書嗎？那當然沒問題。（Follow追隨議題）

◎因為王總是本行的VIP客戶，公司才安排我們擁有多張專業證照及理財經驗的理財顧問，為您做專屬的「私人理財服務」啊。（Agree讚美、肯定）

◎因應頂級客戶的資金運用與節稅需求，本行特別推出量身定做的理財專案，讓您能活用資金創造財富並達到節稅的目的，這個專案很多企業主及高階主管都很喜歡喔。（Good誘因）

◎請問您明天或後天比較方便？我們分行協理也非常想認識您，希望能親自過去拜訪，不會耽誤您太久的時間……（Close二擇一法約訪）

高端的VIP客戶往往不易接觸，有時會把秘書推出來做擋箭牌，事實上秘書的作用只是擋人而已。此時必須把握第一時間交談的機會，善用FAGC的技巧爭取見面機會。先塑造VIP客戶「私人理財」的尊榮感，利用創造財富和節稅的訴求激發興趣，再以分行主管拜訪的緣由約見面。一旦有機會見面，又與分行主管連袂拜訪，相信有機會進一步談到商品行銷。別忘了，這類客群可是準大客戶喔！必須更用心謹慎經營。

4.已經很多人打電話推銷了

市場上從事電話行銷的人愈來愈多，除了金融業尚有電信業、生技業、汽車業等都開始建立電銷團隊。換句話說，客戶接到電話推銷的機會與日俱增，久之便可能造成客戶反感。

此時必須先以同理心關懷客戶，讓客戶放心聽下去。再強調專屬好康訊息通知，塑造客戶需求並引導客戶前來瞭解，切勿強迫客戶聽下去。FAGC技巧使用如下：

一般回應：

◎大哥，請您務必聽聽看，我們的產品很不一樣耶……

◎對不起，打擾了。

面對直接表明排斥電話行銷的客戶，常見有一種理專是直接知難而對，另一種理專則是不斷訴求產品很不一樣，希望客戶能聽下去。但無論是哪一種方式，皆無法有效的化解客戶心中的障礙，因爲客戶在意的是不想再接到行銷電話了。

FAGC回應：

◎您是說已經很多人打電話來推銷是嗎？（Follow追隨議題）

◎這代表您是非常受到重視的VIP客戶啊。（Agree讚美）

◎我能理解您的感受，誰都不希望受到打擾（感同身受）。但這我們針對篩選出的貴賓，有好康的專案訊息要通知您喔。（Agree認同）

◎○○銀行針對這次挑選出的貴賓，提供一檔非常優惠的理財專案，誠心誠意邀請您來分行喝杯咖啡，當面向您說明比較清楚。您不要有壓力，喜歡再參加。（Good誘因）

◎請問您明天或後天比較方便？或者我也可以親自過去拜訪您。（Close促成，二擇一法）

FAGC的技巧在於「換位思考」化解客戶疑慮，再來讚美、認同與關懷客戶，接著提出專案（商品）的量身定做與賣點，最後才用二擇一法邀約客戶。此類拒絕心較重的客戶，若不先以感同身受的關懷化解疑慮，必難以進一步談到商品優勢，故先從客戶關懷下手方爲上策。

5. 我怎麼知道你們是不是詐騙集團？

近年來詐騙集團猖獗，金融詐騙案也愈來愈多，所以謹慎型的客戶對相關議題會格外的防備。有些理專遇到這樣的反對問題便不知所措，其實這樣的問題正好可「借力使力」邀約客戶至分行了解，但必須先化解客戶心中的擔憂，逐步引導邀約。以FAGC技巧回應如下：

一般回應：

◎大哥，我怎麼會騙您呢？

◎○○銀行是大公司不會騙人啦……

一般理專遇到客戶客戶擔心被詐騙，反射動作就會拼命的解釋不會騙人，其實有時愈是詐騙愈習慣不斷強調自己不是詐騙，客戶會愈聽愈擔心。尤其說自己是大公司不會騙人，客戶擔心的往往不是公司而是打電話來的人。

FAGC回應：

◎您是不是會擔心遭受到詐騙集團的詐騙？（Follow追隨議題）

◎您真是個做事謹慎的人（Agree讚美）

◎像您這樣事業成功又做事謹慎的人，本行特別推出貴賓優惠專案協助您做好理財規劃（專案內容請自行套用），好多通知到的貴賓都很喜歡，讓您能安心地累積財富。為了讓您放心，特別邀請您前來瞭解專案內容。（Good誘因）

◎請問您明天或後天比較方便？您過來分行了解就不用擔心被詐騙囉。（Close二擇一法）

遇到擔心詐騙集團的客戶，正好可借力使力邀約至分行了解。一方面化解客戶的疑慮，另一方面「見面三分情」，能當面認識客戶便有機會更深入商品行銷。當客戶至分行了解專案時，便能夠過引導式銷售技巧激發興趣，進一步行銷商品。

6.我已經是○○銀行的VIP客戶了

銀行的客戶百百種，其中可能也會遇到同業的VIP客戶，這類客戶往往都會被「重兵看守」嚴格經管，有實力但不易被接觸。必須先轉化客戶的觀念，多一個人服務多一份保障，讓客戶願意多給機會。以FAGC技巧引導如下：

一般回應：

◎那您可以多參加幾家銀行啊！

◎雖然您是他行的VIP客戶，但我們家的產品更棒、服務更好喔。

針對同業VIP客戶必須當自己的VIP看待，切記不可批評同業，而應以「多多益善」多服務、多優惠的角度推薦，才能吸引大客戶上門。

FAGC回應：

◎您會這麼說是因為已有常往來的銀行服務呢？（Follow追隨議題）

◎坦白說像您這樣優質的客戶都是各家銀行競相爭取的貴賓，而且都會提供最優惠的專案與最優質的服務。（Agree讚美）

◎俗話說「不要把雞蛋放在同個籃子裡」，其實多一位專屬服務人員也是多一份保障，◯◯銀行特別提供貴賓專屬的理財與節稅專案，我第一次看到這麼好的優惠，一定要當面跟您說明。（Good誘因）

◎請問您明天或後天哪個時間比較方便？我會連同分行協理親自拜訪說明。（Close二擇一法、主管加持法）

同業VIP客戶多有專人經管，要接觸非常不容易，必須「誘之以利、動之以情」方能收效。所以要以「多一人服務沒什麼不好」、「能享有各家銀行最優惠的專案」、「頂級客戶分散風險」的角度切入，再以引導式銷售方式約訪，甚至必須邀請高階主管一起參與，彰顯客戶的頂級尊榮。

7.最近景氣不好不想投資

近期全球股市震盪，部分客戶會擔心投資風險所以採取觀望態度。此時必須建立客戶「逢低進場」、「危機入市」的投資觀念，以穩健型理財強化客戶信心，輔以優惠專案的好康賣點，引導客戶進一步瞭解商品內容。以FAGC技巧引導如下：

一般回應：

◎大哥，其實景氣隨時在變，現在規劃沒什麼不好啊。

◎別擔心，我非常有經驗，找我規劃就對了。

當客戶在擔心投資風險時，在關係不夠成熟的情況下，忌諱拍胸脯保證或是不夠謹慎看待的回應。畢竟銷售都是基於客戶「信任」，要先建立客戶信心才能談到商品銷售，要知道「欲速則不達」的道理。

FAGC回應：

◎您是擔心景氣不好會有投資風險是嗎？（Follow追隨議題）

◎其實就是因為景氣不好才能逢低進場，何況基金投資也有穩健型標的，現在進場正可危機入市正是時候啊。（Agree認同）

◎○○銀行這次推出的專案享有特別的貴賓優惠，只有通知到的客戶才能享有。每個月定期定額穩健投資，又能輕鬆為您累積財富，現在通知到的貴賓另有終生手續費3折超級好康喔。（Good誘因）

◎請問您明天或後天比較方便？誠摯邀請您來分行，我會親自接待並向您說明。（Close二擇一法）

針對客戶擔憂的景氣問題，應建立「逢低進場」的理財觀念，重新建立信心，並搭配穩健投資配置方式及貴賓特別優惠說服客戶。FAGC技巧將之串連成漸進式引導架構，能讓各個激發興趣步驟產生最大的效果。

8.最近工作很忙沒時間理財

部分客戶會表示工作很忙或沒時間理財，藉此做爲反對理由，由。這在一般人認爲的反對問題，卻是能反守爲攻證明理專價值的好問題呢。千萬不要陷入時間的迷思，而是要激發客戶興趣，將方向導入由理財顧問協助理財。FAGC引導技巧如下：

一般回應：

◎大哥，只耽誤您一點時間就好，拜託。

◎再忙總有空檔時間吧……

客戶已經表示很忙沒時間，即便是推託之詞也不應戳破，否則不就意味客戶自打嘴吧嗎？尤其回應客戶再忙總能撥點時間，更易讓客戶覺得遭受質疑、不受尊重，應儘量避免懷疑性的用詞。

FAGC回應：

◎您是因為工作忙碌所以沒時間理財是嗎？（Follow追隨議題）

◎工作忙碌代表您事業成功啊！就是因為您的事業成功日理萬機，才需要由我們這樣有經驗又專業的理財顧問協助您，您應該希望辛苦賺的血汗錢能愈滾愈大吧？！（Agree讚美、肯定）

◎○○銀行這次針對貴賓推出的貴賓理財專案（專案請自行帶入），只有通知到的貴賓才有，我也是難得看到這麼好康的優惠，好多客戶都喜歡。（Good誘因）

◎請問您明天或後天什麼時間比較方便？我會親自向您說明。（Close二擇一法）

既然客戶表示很忙沒時間理財，正好可借力使力請客戶交由專業的理財顧問協助。但不可在尚未建立信任關係前貿然提出，必須透過引導的方式激發客戶興趣，並讓客戶放心交給專業理專服務。

9. 我的理財做很多了現在不需要

現在人或多或少都有理財規劃，所以部分客戶會以理財做了很多當作反對理由。仔細思考，理財商品百百種，客戶雖有規劃但不見得面面俱到。此時必須協助檢視其現有配置，從中找出客戶投資喜好與規劃缺口，作爲後續行銷依據。FAGC技巧應對如下：

一般回應：

◎大哥，這商品真的很棒耶，您捧個場吧。

◎大哥，您需要啦，聽我說完再決定嘛。

若光靠吹捧自家商品，或是半推半就要求客戶，這樣的處理方式容易適得其反。畢竟人都不喜歡被勉強，在信任感建立與興趣激發之前，不可急功近利太過積極。

FAGC回應：

◎您是因為已有理財規劃所以不需要是嗎？（Follow追隨議題）

◎這代表您很有理財觀念耶！不知道您之前主要規劃哪些商品？（Agree讚美，並針對理財喜好及缺口著手）

◎○○銀行這次針對挑選出的貴賓推出退休規劃專案，只要繳費六年，自第二年起就開始輕鬆領年金，活得愈久領得愈多，就好像提早幫自己準備一個終生俸一樣。這是目前最夯的退休專案，好多客戶都參加，您不覺得很讚嗎？（Good誘因）

◎請問您明天或後天哪個時間比較方便？誠摯邀請您至分行了解，我會親自接待說明。（Close二擇一法）

FAGC技巧善於將反對問題轉化爲銷售商機，客戶既然表示早已規劃，便可趁機瞭解客戶規劃內容，藉以找出行銷的切入點，激發興趣引導行銷。

10.之前投資賠錢所以不想碰了

投資本有賺有賠，投資沒有穩賺不賠的事情，客戶有可能拿投資賠錢的往事作爲反對問題。此時千萬不要被客戶投資失利的經驗給嚇到，反而應花時間瞭解客戶之前的規劃內容，從中找出行銷商機。

一般回應：

◎大哥，投資是機率問題，多投資幾次就會賺啦。

◎相信我，我絕對不會讓您賠錢。

投資失利的經驗總是不愉快的，千萬不要輕描淡寫的帶過，尤其是客戶辛苦的血汗錢。更不要拍胸脯向客戶保證賺錢，這可是金融行銷的禁忌。

FAGC回應：

◎您是因為有賠錢的不愉快經驗，所以不想再碰理財商品是嗎？（Follow追隨議

題）

◎大哥，請教一下您之前是自己理財還是交由專人處理（了解可能的競爭對手）？您主要投資的標的是股票嗎？其實理財商品也有保本穩健型的標的，交給專業的理財顧問您可以比較安心。（Agree關懷）

◎○○銀行這次針對貴賓推出的保險專案，是兼具保障與投資的商品，每天只要少喝一杯咖啡就能輕鬆規劃喔。（Good誘因）

◎請問您明天或後天哪個時間比較方便？誠摯邀請您至分行了解貴賓專案，我會親自接待說明，您免等免排隊喔。（Close二擇一法）

既然客戶非常在意之前投資失利的往事，便可從關懷的角度先取得客戶認同。再關心客戶之前投資的標的，找出新的行銷需求點，推薦符合需求的優惠專案，透過引導方式邀約客戶。

本書提供十大約訪反對問題，以獨創FAGC技巧個案解析。惟真正的功夫來自實戰經驗，FAGC技巧必須透過行銷經驗來提昇功力，箇中技巧變化萬千。期有心專研的理專能把握原則多加練習，假以時日必定大有精進、業績倍增。

註：本書提供之話術技術巧僅供讀者參考，實際銷售依金管會最新規範為準。

結語

「建立種子銀行，培育銀行種子」是本書最大的宗旨，時代在變，金融業的經營模式也在創新，行銷人員的技巧若不精進便會被潮流所淘汰。Bank 3.0是最新的趨勢與話題，也是銀行業的新業態。對消費者來說是更多元的選擇，但對理專來說是更嚴峻的挑戰，也是一個新的希望。因爲在消費者的選擇性更多時，只要具備專業知識與行銷能力的理專才能吸引客戶，所以必須具備更新更強的能力創造自身價值。

本書上篇分享銀行業財管經營「徵才、育才、留才」三位一體架構，透過多元管道加速組織擴展。搭配銀行立地商圈的延伸及3C（Corporation, Customer,

Competitor）架構定位，將以往單打獨鬥的經營模式提升至團隊合作方式。在理專技巧提升方面，將「電銷」結合「面銷」技巧，由技術思考進階到思考技術，結合東方的智慧與西方的思維，將使理專戰力大幅提升。而「種子銀行」的架構將爲銀行形成三大效益，包括「厚實組織發展」、「強化業務戰力」及「建構培訓系統」，從組織面、行銷面與培訓面著手，建立效率化的SOP，再創銀行財富管理的新紀元。

本書下篇談到「種子銀行」超強業務力的實踐，針對理專業務戰力注入新思維與新技巧。行銷的最高境界「天人合一」，將行銷於自然無形中，以「客戶心醫」的角度滿足客戶需求，「換位思考」站在客戶角度提供符合需求的建議，達到「佛爲心、道爲骨、儒爲表」的體現。眞正的行銷高手不是話術超強，而是能短時間精準掌握客戶需求，並激發興趣行銷於無形。

如何透過「種子銀行」培育「銀行種子」，首先必須做多元生態的文化整合。銀行理專來自四面八方，形形色色的人和各式各樣的文化將會產生衝擊，所以文化的整合與建立便是種子銀行的首要之務。建立培訓制度的SoP，將傳統各單位單打獨鬥的方式提升至團隊合作的整合，這必須透過總行專責單位整體規劃由上至下的推動執行，呼應本書「種子銀行」的「徵才、育才、留才」三位一體架構，將銀行財管的經營由「點線面」的擴張方能成效。

超強業務力指的是行銷戰力的提升，有別於以往理專僅專精面對面銷售，喜等「自來客」的習慣。本書加入「電銷技巧」的元素，並強化「面銷技巧」，將其完善的整合，化被動爲主動，將使理專行銷戰力大幅提升。這也是將「僕人式服務」提升爲「主人式行銷」的實踐，當理專有能力也願意主動出擊時，便有機會接觸更多的客戶，掌握銷售的先機。畢竟活動量等於業績量，大量約訪就能大量接觸，大量接觸才能大量行銷，大量行銷就會大量成交，這是不變的業務必勝定律。

成功的行銷必須先掌握消費者心理，瞭解客戶心裡在想什麼才能把握客戶需求，客戶需要掌握後則必須善用「引導式銷售」達到銷售目標。本書提供引導式約訪的十大法則，協助理專能更有效激發客戶興趣成功邀約。電話約訪的祕訣在於「聲音、話術、勤跟催」，本書提到如何透過聲音的力量發揮溝通技巧，以及如何保養嗓子，讓聲音維持動人的力量。另提供五種技巧，協助理專製造下次約訪的機會，讓客戶關係不間斷。面對客戶時，正是正面對決的關鍵，本書提供DISC觀人術與五行觀人術，從客戶的長相、外觀、氣色與動作判斷其個性與特徵，針對不同的客戶找出應對之策。這二套技巧結合東方的智慧與西方的思維，加上筆者十多年的業務行銷經驗，融合而成的「識人力」技巧。現今社會不只FBI要學，頂尖業務更是要學會判斷客戶屬性，孫子兵法有云「知己知彼，百戰不殆。」就是要掌握先機、知人善戰。

在行銷的流程中最令人頭痛的就是反對問題，常見理專的滿腔熱情就在客戶丟出反對問題時崩潰，像洩了氣的皮球一樣。其實「嫌貨才是買貨人」，往往在反對問題的處理過程中能找到客戶的需求與商機，重點是如何「反守爲攻」並引導客戶進入商品行銷階段，善用結構式反對問題處理就是最好的處理方式。反對問題處理的關鍵不是「辯論」而是「引導」，若執著於誰對誰錯，往往贏了面子卻輸了裡子。筆者提供獨創的FAGC反對問題處理方式，先站與客戶站在同一陣線取得認同，再善用八字眞言「讚美、認同、肯定、關懷」強化客戶信任，再次提到商品最大賣點，並以「假設性成交」或「二擇一法」引導邀約客戶，達到行銷目標。本書最後再提供十大約訪反對問題的解析，透過FAGC技巧個案解題，直接解決理專最頭痛的十大反對問題。本書不但是教科書，更是實戰寶典，其行銷流程的技巧以及FAGC的奧義，必須經由不斷的實戰經驗方能得證。且若能掌握精髓便能千變萬化，應對客戶於無形，所以要練習再練習、精益求精。

高深的技巧來自實戰的經驗，本書提出Bank 3.0後銀行財富管理的新型態，以及理專等業務人員「電銷技巧」結合「面銷技巧」的新技能。三創思維提升財管整體戰力：

■首創銀行電銷與面銷結合業務戰力

■首創徵才、育才、留才三位一體架構

■首創「FAGC」超強反對問題處理技巧

本書深入淺出、淺學深用、深化活用，但礙於篇幅有限，無法針對各個環節更深入探討。期讀者能掌握行銷各流程的訣竅，搭配實戰經驗不斷調整精進，假以時日必能超越以往，成爲頂尖業務人員。其中多探討人性之處，亦可運用於客戶服務與關係建立，先處理心情再處理事情。故可謂是銀行業的經營寶典，業務員的教戰守策。惟行銷領域廣如大海，筆者雖傾力分享，亦難免有疏漏與不足之處。期各方先進賢達不吝指教，讓《種子銀行：金融業的大未來》一書能更加完整，幫助更多業務線上的夥伴們，這也是筆者出版本書的最終目的。再次感謝各方賢達的閱讀與指教，敬祝業績輝煌、收入滿滿。

林秉葦
David
謹誌于觀音禪居
bk1605@gmail.com

民國一〇四年九月三十日

財智庫（18）

種子銀行：金融業的大未來

建議售價・315元

國家圖書館出版品預行編目資料

種子銀行：金融業的大未來 / 林秉葦著.
-- 初版. -- 臺中市：白象文化, 2016.01
面；公分. --(財智庫；18)
ISBN 978-986-358-289-2(平裝)
1.銀行業 2.銀行行銷
562.3 104026913

作　　者：林秉葦
校　　對：林秉葦
專案主編：陳逸儒
特約設計：賴怡君
出版經紀：徐錦淳、林榮威、吳適意、林孟侃、陳逸儒、蔡晴如
設計創意：張禮南、何佳諠
經銷推廣：李莉吟、何思頓、莊博亞、劉育姍
行銷企劃：黃姿虹、黃麗穎、劉承薇、莊淑靜
營運管理：張輝潭、林金郎、曾千熏
發 行 人：張輝潭
出版發行：白象文化事業有限公司
402台中市南區美村路二段392號
出版、購書專線：（04）2265-2939
傳真：（04）2265-1171
印　　刷：基盛印刷工場
版　　次：2016年（民105）一月初版一刷

※缺頁或破損的書，請寄回更換。※版權歸作者所有，內容權責由作者自負

設計編印

白象文化｜印書小舖

網　　址：www.ElephantWhite.com.tw
電　　郵：press.store@msa.hinet.net